TRABAJO NUEVO, VIDA NUEVA

Cómo Identificar lo que te Apasiona en la Vida y Conseguir el Trabajo que Siempre Has Deseado. 2 Libros en 1 - Cómo Conseguir un Trabajo Nuevo en Tiempo Récord, Cómo Encontrar tu Pasión y Vivir una Vida Plena

ANDREW FISCHER

NATHANIEL DAVIDS

Índice

Cómo Conseguir un Trabajo Nuevo en Tiempo Récord

Cómo Encontrar tu Pasión y Vivir una Vida Plena

Cómo Conseguir un Trabajo Nuevo en Tiempo Récord

Cómo Encontrar un Buen Empleo y Ser Contratado Cuando Tienes muy Poco Tiempo en las Manos

Índice

Introducción

EL AÑO PASADO, la organización *The Conference Board* realizó un estudio en el que midieron los niveles de satisfacción laboral de diversos ciudadanos estadounidenses, y descubrieron que menos del 50% de la población estudiada reportó sentirse satisfecha con su trabajo. Este dato ni siquiera toma en cuenta la felicidad de las personas en un trabajo, simplemente mide el número de personas que encuentran algún tipo de satisfacción en su trabajo.

Si más de la mitad de estas personas están completamente insatisfechas con su trabajo (y puede que también sea tu caso), muchos otros en la otra mitad probablemente todavía sueñan con algún otro trabajo en el que sean más valorados, tengan mejores salarios o beneficios, o simplemente realicen un trabajo que sea más significativo (también, por otro lado, puede que este sea tu caso). Sin embargo, hoy en día, la competencia por estos codiciados trabajos es más alta que nunca.

Cuando ingresas a *LinkedIn* y ves una oferta de trabajo que parece interesante, el desplazarte hacia abajo y ver que 2000 personas ya lo han solicitado puede ser bastante desalentador. Puedes comenzar a solicitar puestos de trabajo de todas las maneras posibles, pero en el fondo crees que nadie se dará cuenta de tu solicitud o, incluso si lo hacen, no obtendrás el trabajo porque hay mucha competencia. Así que te rindes antes de siquiera intentarlo, te conformas con la mediocridad y te resignas a tu situación actual. Te dices a ti mismo/a, *"esto es lo mejor que podré obtener".*

¿Y si te dijera que es posible adelantarse a la competencia? ¿Qué pasaría si descubrieras la verdad sobre la contratación y las entrevistas, datos que el 90% de tu competencia no sabe?

Ellos, como tú, probablemente están lanzando decenas y centenares de currículums y cartas de presentación, con creencias similares de rechazo inevitable. Este libro te enseñará cómo causar la mejor impresión en una entrevista, destacarte por encima de tu competencia y convencer a la persona encargada de tu contratación de que no solo eres el o la mejor candidato/a para el trabajo, sino que harán cualquier cosa por tenerte en su equipo.

Si llegas a la entrevista, ve con todo y aplica lo que aprendas aquí, verás que el trabajo es tuyo.

1

Conseguir una entrevista sin siquiera presentar una solicitud

Uno de los conceptos más comunes (y más equivocados) en torno a la búsqueda de trabajo y el proceso de solicitud de empleo es el creer que es mejor solicitar un empleo después de que la empresa haya publicado una oferta laboral. Por supuesto, tiene sentido hacer esto porque pensamos: *"esta es mi oportunidad de trabajar con esta empresa, han publicado una vacante para un puesto para el que estoy calificado, así que debería postularme"*.

El problema es que probablemente cientos de otras personas también están solicitando ese trabajo; incluso si eres el o la candidata/a ideal, tu aplicación puede perderse en una pila enorme de solicitudes diversas.

. . .

En realidad, hay tantas empresas utilizando programas de escaneo de currículums automatizados y computarizados que muchas aplicaciones ni siquiera son vistas por los ojos humanos... es posible que la solicitud y la carta de presentación sobre la que has estado trabajando como esclavo/a nunca lleguen al escritorio del gerente de contratación o que nunca aparezcan en la pantalla de la computadora del reclutador.

Esta es la razón por la que te encuentras solicitando trabajo tras trabajo, solicitando cualquier vacante que puedas encontrar, pero rara vez recibes noticias de alguien. Déjame proponerte un enfoque más efectivo: es MUCHO mejor "postularse para un trabajo" cuando NO hay ofertas de trabajo publicadas. Escribo "postularse para un trabajo" entre comillas porque en realidad no estás aplicando para una posición per se, no estás preguntando acerca de una oferta de trabajo específica que se ha publicado públicamente.

Pero sí, la mejor manera de ponerte en contacto con una empresa cuando estás buscando ser empleado/a es ignorar por completo cualquier oferta de trabajo o vacante que puedas ver.

Permíteme decirte por qué:

. . .

Es tu mejor oportunidad para ser visto/a:

Si contactas directamente a algún miembro de la empresa, no estás confiando en un sistema computarizado que clasifica lentamente las aplicaciones que recibe en los grupos correctos para tal vez, en algún momento, hacer a tu aplicación caer en manos humanas y que alguien la revise y considere llamarte para una entrevista; en cambio, estás tomando el asunto en tus propias manos y eludiendo al sistema computarizado por completo.

Al comunicarte directamente con un reclutador, gerente de contratación o líder comercial, te estás dando la mejor oportunidad posible de que alguien revise tu currículum y te dé una respuesta (más adelante veremos los detalles de cómo contactar directamente a alguien en una empresa).

Obtienes una mejor oportunidad para "venderte":

Si te pones en contacto con la empresa directamente y no lo haces respecto a una oferta de trabajo específica, estás abriendo puertas para mostrarle a la empresa por qué serías una gran adición a su equipo.

En lugar de encasillarte en los requisitos de trabajo específicos que encuentras en la descripción de una posición ya publicada, simplemente puedes contarle a la empresa sobre ti, puedes informarles sobre todo el valor que tienes para aportar a la empresa y, si realmente quieres impresionarlos, puedes presentarles algunas innovaciones que hayas ideado para su negocio.

Esta estrategia te hace destacar:

Acercarte a la empresa de una manera diferente como ésta, realmente te hará destacar. En lugar de perderte en un mar de aplicaciones similares, tienes la valentía de ponerte en contacto de forma independiente con la empresa y "venderte" a ellos.

Lo más probable es que obtengan muchos menos solicitantes que les contacten de esta manera poco convencional, la mayoría de las personas simplemente se ajustan al método "solicita en línea y espera una respuesta", en el mejor de los casos, los candidatos más asertivos harán un seguimiento de su solicitud y tratarán de convencer a alguien para que les entreviste.

Sin embargo, si ignoras por completo las ofertas de trabajo y las publicaciones de empleo, realmente te destacarás; puede que venzas a la multitud: quizás la empresa tenga algunas vacantes próximas y aún no lo hayan hecho público, o tal vez quedarán tan impresionados que encontrarán un puesto para ti, simplemente porque te quieren en su equipo. En el peor de los casos, es posible que te digan que no tienen vacantes en este momento, pero ciertamente te tendrán en cuenta para el futuro.

Esto funciona especialmente si te estás comunicando con una empresa grande, ya que casi siempre están buscando personas de calidad para agregar a su equipo, por lo que la mayoría de las veces sus reclutadores estarán abiertos a escuchar a un candidato fuerte, independientemente de las vacantes de trabajo que puedan tener en su actualidad.

Te hace considerar realmente el tipo de empresa para la que deseas trabajar:

Cuando solicitas un trabajo, por lo general no solo estás solicitando un puesto, sino que en realidad estás solicitando un lugar dentro de una empresa. La empresa es más importante que el trabajo en sí: si te unes a una buena empresa, y especialmente si es una empresa grande o importante, tus oportunidades son infinitas. Puedes moverte dentro de la empresa, probar diferentes departamentos, diferentes puestos y adquirir la experiencia que estés buscando.

Muchas personas no ven esto cuando solicitan un trabajo, a menudo, ni siquiera consideran o investigan a fondo la empresa para la que están aplicando; simplemente miran título de trabajo tras título de trabajo, leen los requisitos de la posición y luego se apresuran a presentar la solicitud. Si eliges evitar el proceso de solicitud de empleo convencional, te verás obligado u obligada a mirar realmente a las empresas, te ayudará a encontrar empresas de calidad que hagan cosas que realmente te interesen.

Así es más posible que sientas una mayor satisfacción por obtener un puesto y presentarte en algún lugar a laborar, además de un mejor desempeño laboral, porque estarás feliz con la empresa para la que trabajas y además estarás interesado/a en el trabajo que estás haciendo.

Puedes terminar obteniendo una mejor posición o un mejor trato, que puede que no obtendrías de otra manera:

Si te comunicas con ellos sin hacer referencia a un puesto de trabajo específico, de repente no te estás limitando a ese trabajo en particular. A menudo, cuando un candidato solicita una posición en particular, solo se le considera para ese puesto específico, aunque puede haber otros puestos más adecuados para él o ella. Si te comunicas con ellos directamente y demuestras tus habilidades y destrezas, hay más posibilidades de que te consideren para más oportunidades laborales.

Es posible que tomen tu currículum y la información que hayas proporcionado sobre ti mismo/a, te comparen con las necesidades de la empresa y encuentren algo completamente diferente para ti que ni siquiera conocías.

Esta es una situación ideal: cuando la empresa toma las habilidades de un candidato y las compara con las necesidades de la empresa para encontrar una posición óptima para ambas partes, en lugar de que un candidato compita con muchos otros candidatos por una posición para la que puede estar calificado o no.

Además, nunca se sabe. Si te acercas a la empresa sin hacer referencia a una oferta de trabajo, es posible que puedas negociar un mejor salario, ya que no te considerarán "un candidato más".

Hay muchas razones por las que debes omitir el método normal de solicitud de empleo, pero estas son algunas de las razones clave. No te desanimes si algunos de tus correos electrónicos quedan sin respuesta o si algunas empresas no parecen interesadas, es una gran práctica para que puedas trabajar en tu asertividad y realmente aprendas a promocionarte y comercializarte. Con el tiempo, la empresa adecuada estará interesada en ti y tú tomarás el control total de tu carrera en lugar de simplemente lanzar tu solicitud a una empresa tras otra y esperar que alguien te llame para una entrevista.

- Cómo encontrar la información de contacto de cualquier persona en cualquier empresa:

Puede que estés pensando, bueno, esta idea suena genial, pero ¿cómo puedo contactar a alguna de estas empresas? Nunca dejan información de contacto en la página de publicación de trabajos. Aquí tienes otra oportunidad para destacar: si puedes ser un poco creativo/a y usar algunas habilidades de detective, podrás comunicarte directamente con los tomadores de decisiones, mientras que ningún otro solicitante podrá hacerlo a menos que sigan los mismos pasos que tú.

Paso 1: Encontrar el equipo que lidera la empresa

Una vez que identifiques la empresa que te interesa, comienza a examinar su sitio web.

· · ·

La mayoría de las empresas tienen una página de liderazgo donde enumeran a sus principales líderes y, ocasionalmente, sus direcciones de correo electrónico también aparecen (pero no siempre). Si estás buscando un trabajo en marketing y han incluido un "Director de marketing", "VP de marketing y comunicaciones", o algún ejecutivo con un puesto de trabajo similar, esa será la persona que deberás contactar.

Si no incluyen a sus líderes en su sitio web o si parece que no puedes encontrar a la persona adecuada, no te preocupes. Continúa con el Paso 2.

Paso 2: Encontrar el nombre de la persona que toma las decisiones

Ingresa a *LinkedIn* y busca la empresa. Un porcentaje muy alto de profesionales que trabajan ahora tienen perfiles de *LinkedIn*, por lo que no es tan difícil encontrar a los responsables de la toma de decisiones en tu empresa objetivo.

Por lo general, puedes comenzar buscando el nombre de la empresa, la mayoría de las empresas de tamaño moderado a grande tendrán una presencia empresarial en

LinkedIn, con todos sus empleados vinculados bajo su paraguas.

Ejemplo:

Busca *"ABC Companies"* en *LinkedIn* (si alguna empresa tiene una cuenta en esta página, aparecerá inmediatamente, y por lo general, puedes verificar si se trata de la empresa adecuada mediante el logotipo y/o la ciudad en la que se encuentra). Una vez que hagas clic en el nombre, verás un enlace que muestra la cantidad de empleados que han incluido en *LinkedIn*, y al hacer *click* sobre él deberías poder ver una lista de sus empleados.

Luego, puedes filtrar por muchas categorías diferentes, como "nombre", "cargo", "ubicación", etc. Normalmente, lo que yo hago es escribir el departamento con el que quiero contactar; por ejemplo, si estoy tratando de encontrar un responsable de la toma de decisiones en el departamento de marketing, filtraré escribiendo "marketing" en la categoría de "cargo".

Los resultados deben mostrar a todas las personas dentro de esta red que trabajen en el departamento de marketing.

A partir de ahí, deberías poder identificar a algunos de los responsables de la toma de decisiones en este departamento. Busca palabras clave como "gerente", "vicepresidente" o "director", etc., toma nota de cualquier nombre que parezca que podría tomar decisiones en ese departamento.

Paso 3: Encontrar la dirección de correo electrónico

Ahora necesitas encontrar la dirección de correo electrónico de esa persona; a veces es bastante fácil, otras veces es más difícil. Hay una variedad de formas de hacerlo, pero enumeraré algunas de ellas aquí:

1. Busca en el sitio web de la empresa direcciones de correo electrónico. Con frecuencia, incluyen una dirección de correo electrónico en la pestaña "Departamento de ventas" o en la pestaña "Relaciones públicas y Comunicaciones". También puedes buscar por alguna opción referente a "Comunicados de prensa", normalmente tienen la dirección de correo electrónico de un contacto de relaciones públicas ahí.

2. Si la empresa recauda fondos o realiza cualquier tipo de obra benéfica con frecuencia, tendrá una persona de contacto para ello, incluida una dirección de correo electrónico.

3. Si recorriste completamente el sitio web y aún no puedes encontrar una dirección de correo electrónico, no te preocupes. Todo lo que necesitas encontrar es el *mail* de una persona en esa empresa (no es necesario que sea la dirección de la persona que toma las decisiones con la que deseas contactar), solo necesitamos saber qué formato de correo electrónico utiliza la empresa.

4. Si no puedes encontrar un correo electrónico en el sitio web, intenta buscar en *Google* la empresa y escribe "correo electrónico" + el nombre de la empresa en la barra de búsqueda. A menudo, podrás encontrarlo de esa manera.

5. Otra opción es consultar la página de *Facebook* de la empresa. Una vez que estés en su página, haz clic en "Publicaciones" y luego, en la barra de búsqueda, escribe "correo electrónico" o "contacto". A menudo, aparecerá una dirección a la que puedas escribir, y en los resultados, verás las publicaciones que contengan la palabra "correo electrónico" o "contacto". A menudo serán publicaciones sobre algún evento, alguna venta o promoción, con un correo electrónico para contactarse o solicitar información.

Si incluso después de todo eso, aún no puedes encontrar el correo electrónico de ninguna persona, no te preocupes. Todavía hay otra forma. Una herramienta importante para este truco son los sitios web que verifican la validez de las direcciones de correo electrónico.

Los sitios web como www.Hunter.io son excelentes herramientas de ayuda. Puedes escribir la URL del sitio web de la empresa, y *Hunter* buscará en Internet y te dará su mejor suposición sobre el formato de correo electrónico de la empresa. Por ejemplo, el formato de correo electrónico más común para una empresa es:

Primera inicial, apellido @ nombre del dominio de la empresa

Entonces, si hablamos de Katya Pérez de *ABC Companies* y ellos usan este formato, su correo electrónico sería:

kperez@abccompanies.com

Otro formato común es:

Nombre.apellido @ nombre del dominio de la empresa

Entonces, si *ABC Companies* siguiera este formato, el correo electrónico de Katya sería:

katya.perez@abccompanies.com

Hunter basa sus resultados en cualquier dato que pueda encontrar en Internet.

Si puedes encontrar el formato de correo electrónico, es probable que puedas crear la dirección de correo electrónico para el/la responsable de la toma de decisiones con quien deseas comunicarte. La mayoría de las empresas tienen formatos de correo electrónico uniformes, lo que significa que si puedes encontrar los correos electrónicos de algunas personas en línea para esa empresa en particular, y todos siguen el mismo formato, entonces puedes estar bastante seguro/a de que el correo electrónico de ese Gerente de Contratación con quien deseas contactar seguirá el mismo formato, por lo que todo lo que necesitas es su nombre.

Este sitio web también tiene un verificador de correo electrónico. Si encuentras el formato de correo electrónico para una empresa y deseas comprobar que la dirección de correo electrónico que creaste es válida, puedes usar el programa de verificación de correo electrónico en *Hunter*. Simplemente escribe el correo electrónico que has creado para la persona que toma las decisiones en la empresa que quieres y Hunter te dará su mejor estimación sobre si esa dirección es válida, por lo general, pueden hacer una prueba del servidor que verificará si en realidad es un correo válido.

. . .

NOTA: a veces, este verificador de correo electrónico simplemente no puede acreditar la dirección de correo electrónico. Algunas empresas grandes tienen servidores igualmente grandes que aceptan cualquier formato o combinación de direcciones de correo electrónico, por lo tanto, si la página revisa un correo electrónico con ese tipo de servidor, no podrá decirte si esa dirección en particular es válida o no. Sin embargo, la mayoría de las veces el servicio funciona de maravilla.

Por supuesto, este sistema no es infalible, pero yo diría que es preciso al menos el 80% de las veces. Por lo tanto, con un poco de trabajo, puedes encontrar la dirección de correo electrónico de cualquier tomador de decisiones con el que desees contactar y así aumentar tus posibilidades de obtener respuesta.

Alternativamente, si después de todo eso todavía no puedes encontrar una dirección de correo electrónico válida, *LinkedIn "InMail"* es una gran herramienta para contactar a los tomadores de decisiones a través de esta misma red.

. . .

Esta herramienta te permite enviar mensajes a cualquier persona con cuenta en *LinkedIn* directamente, no es necesario que estés conectado/a con la persona para comunicarte con ella. El único problema es que este servicio no es gratuito, tienes que ser un/a suscriptor/a *premium* de *LinkedIn*.

Sin embargo, puedes simplemente registrarte para la prueba gratuita o ir mes a mes y cancelar una vez que hayas encontrado el trabajo que quieres. Es una buena inversión que puedes hacer para encontrar el trabajo de tus sueños, de hecho, puede que te resulte eficaz seguir enviando un mensaje *InMail* incluso si ya le has enviado un correo electrónico al responsable de la toma de decisiones. Cuantas más formas de llamar su atención, mejor.

Otro consejo útil: es mejor encontrar varios responsables de la toma de decisiones en la empresa, no querrás depender de una sola persona para que lea tu correo electrónico y responda. Cuantas más personas puedas contactar, mayores serán las posibilidades de obtener una respuesta.

Por lo general, recomiendo que te pongas en contacto con personas de alto nivel y algunas personas de nivel inferior; esto significa algunos vicepresidentes, tal vez incluso

algunos ejecutivos de "nivel C", y luego algunos reclutadores o personal de recursos humanos.

Paso 4: escribir el correo electrónico adecuado

Ahora que has encontrado la dirección de correo electrónico de los responsables de la toma de decisiones en la
empresa que te interesa, es hora de crear el correo electrónico perfecto que logrará que consigas una respuesta.

Dado que lo más probable es que envíes correos electrónicos a varias personas de la misma empresa (para
aumentar tus posibilidades de obtener respuesta), es
posible que tengas la tentación de enviar el correo electrónico a todas ellas. No hagas eso. Envía el correo a cada
uno por separado y, por supuesto, dirígete a ellos perso-
nalmente (cambiando los nombres en tu saludo).

El tono de tu correo dependerá del trabajo que estés solicitando y de la empresa en cuestión. Pero los siguientes
son algunos consejos que te ayudarán a escribir ese correo
electrónico perfecto:

No tengas miedo a ser poco convencional. Dependiendo de la empresa y la industria, es posible que realmente te destaques si tu texto es un tanto inconvencional

y te alejas de todos los estándares de contratación y aplicación que siempre nos han enseñado. Esto depende de ti y de su estilo personal, pero por lo general es mejor tratar de ser único/a, en lugar de tratar de parecer un empleado salido del mismo molde que todos los demás.

Los reclutadores y gerentes de contratación están cansados de leer las mismas solicitudes y cartas de presentación una y otra vez, algo único podría despertar su interés. Aquí van algunas sugerencias:

1. Sé visual: incluye una foto de ti mismo/a (algo apropiado, pero no tiene por qué ser una imagen corporativa aburrida). Otra opción es hacer que tu currículum sea visual y único, o hacer un video de ti mismo/a hablando.

2. Sé divertido/a: si puedes encontrar alguna manera apropiada de agregar a tu correo un poco de humor, hazlo. Nada ridículo, solo algo que demuestre que eres una persona real y que sería divertido tenerte en la oficina.

3. Sé directo/a: diles exactamente lo que quieres y argumenta exactamente por qué te necesitan en su equipo.

4. Sé realista: reconoce que pueden recibir cientos de solicitantes y que pueden recibir muchos correos electrónicos cada día, pero

luego llama su atención con algo único sobre ti o sobre la forma en que los estás contactando.

5. Sé personal: trata de incluir al menos un dato personal sobre ti. Abstente de redactar algo que usarías para un perfil de citas en línea (por ejemplo: *"en mi tiempo libre me gusta andar en kayak y ver películas antiguas…"* bla, bla, bla…). En su lugar, presenta un dato realmente interesante y que se relacione con tu trabajo, puedes decir algo como: *"Una cosa que debes saber sobre mí es que estoy increíblemente motivado/a. Cada año me gusta hacer un gran viaje en bicicleta y el año pasado recorrí de esta manera el desierto de Mojave. Fue increíblemente difícil pero me enseñó mucho sobre la perseverancia. Soy una persona que no sabe rendirse."*

6. Sé breve y conciso/a: tu objetivo al enviar este correo electrónico no es que la empresa te contrate de inmediato, sino simplemente obtener una respuesta. Por lo tanto, no envíes un ensayo ni cuentes la historia de toda tu vida. Sé breve, interesante y haz que quieran saber más. Esto significa que no debes dar todos los detalles por adelantado, menciona algunas cosas sobre las que tal vez quieran saber más, esto hará que quieran volver a enviarte un correo electrónico para saber sobre ti.

Estos son solo algunos consejos para lograr escribir el correo electrónico perfecto, pero deberás personalizarlo a tu estilo personal y hacer que coincida con lo que percibes como la cultura y el tono de la empresa.

Veamos un ejemplo:

Hola Karen,

Estoy realmente impresionado con su empresa y todo lo que he visto en su sitio web. Como viajero frecuente, me parece que ustedes brindan respuestas y soluciones a todo lo que alguien pueda necesitar durante un viaje.

A juzgar por lo que he visto en su sitio web y todos los servicios y herramientas que proporcionan, esta parece una de las mejores compañías de viajes y excursiones que existen. Veo mucho potencial para empresas como esta y una gran cantidad de oportunidades de crecimiento en el mercado actual, y es por eso que me encantaría ser parte de esto de alguna manera, oficial o extraoficialmente.

Mi experiencia en marketing y desarrollo comercial para una corporación de atención médica de miles de millones de dólares me ha dado muchas buenas ideas y creo que tengo mucho que ofrecer. Sería increíble si pudiera ayudarles a llevar esta empresa al siguiente nivel de alguna manera, realmente estoy dispuesto a hacer cualquier cosa para ayudar, o servir en cualquier área del negocio que necesite apoyo. Me gustaría ser parte de esto.

. . .

Mis fortalezas:

- *Generar ideas y resolver problemas, particularmente en lo que se refiere a pensar fuera de la caja y superar el estancamiento del crecimiento.*
- *Crear contenido (escritura, fotografía, producción de vídeos, planificación de eventos y viajes), así como conectar con personas y hacer que se entusiasmen con algo.*
- *Soy capaz de extraer hasta la última gota de cultura, emoción y aventura de cada lugar que visito y de cada viaje que hago.*

No te pido dádivas ni garantías, solo una conversación. Me arriesgo mucho escribiéndote, pero estoy seguro de que recibirás de buena manera este correo. No has construido una empresa para lo que es hoy sin ser una persona de mente abierta, como estoy seguro de que lo eres.

Felicitaciones por todo su éxito actual y espero que podamos encontrar un momento para discutir algunas posibilidades.

¡Muchas gracias!

. . .

Jared

Este correo electrónico es de un muchacho que buscaba ingresar a la industria de viajes pero no tenía experiencia, solo sabía que le encantaba viajar y quería participar en esa industria. Es el correo electrónico que envió a la directora ejecutiva de una empresa de turismo de alto nivel, y realmente fue recibido favorablemente. La CEO terminó respondiendo a su correo electrónico, lo conectó con el gerente de operaciones de la empresa e incluso estableció una llamada por *Skype* con él para escuchar todo lo que tenía que decir.

Ahora Jared está en negociaciones con ellos sobre un posible puesto en su empresa. Por supuesto, este correo electrónico podría no funcionar para todos, y los diferentes directores ejecutivos y gerentes lo recibirán de manera diferente, pero el esfuerzo de Jared valió la pena y consiguió una entrevista sin haber aplicado para un trabajo ya establecido y sin ninguna experiencia real.

- He aquí por qué funcionó el correo electrónico:

El correo no comenzó con un *"¿pueden...?"*, o *"¿quieren...?"*, ni comenzó directamente hablando de sí mismo. En cambio, habló de la empresa, los felicitó de una manera ingeniosa, no de una forma vergonzosa llena de halagos.

. . .

Uno de los errores más grandes que comete la gente cuando intenta encontrar un trabajo es empezar hablando de sí mismos. La mayoría de las personas eventualmente dejarán de ponerte atención si todo lo que puedes hacer es hablar de ti mismo/a. La forma más efectiva de llamar la atención de alguien es comenzar hablando de ellos y luego hacer la transición hacia ti diciéndoles lo que puedes hacer por ellos. Pon atención:

Jared comienza diciéndoles lo impresionado que está por su negocio y les da razones específicas sobre por qué se siente tan impresionado e incluso menciona (en cierto sentido), por qué su opinión es importante. Escribe que es un viajero experimentado, y esto implica que sabe sobre viajes y sobre lo que se necesita para planificar un viaje exitoso; por lo tanto, su elogio sobre la compañía es más significativo e ingenioso.

Luego, sutilmente pasa a hablar de sí mismo diciendo que ve mucho potencial para empresas como la suya, implicando que también tiene ideas para el crecimiento de la empresa. Esto no significa necesariamente que sus ideas sean buenas, pero un director ejecutivo de mente abierta podría estar dispuesto a escucharlas.

. . .

La mayoría de las empresas se dan cuenta de que no importa lo grandes que sean y lo bien que vayan las cosas, siempre pueden crecer y las cosas siempre pueden mejorar; por lo tanto, siempre están fomentando nuevas ideas y nuevas formas de abordar el problema. Muchas empresas modernas también comprenden que las buenas ideas pueden provenir de cualquier lugar, no solo del vicepresidente y la junta directiva.

Lo que Jared hace al decir que ve mucho potencial en la empresa es convencerlos, porque decirlo significa que no solo piensa que son una buena empresa, sino que también piensa que no son tan buenos como podrían ser y cree que tiene ideas sobre cómo podrían mejorar.

Luego, fue directo al punto, expresando su esperanza de ser parte de ella. Ten en cuenta que él no pidió un trabajo ni ningún tipo de compromiso, solo presentó su idea de tener un impacto positivo en la empresa y, de ser posible, influir en su crecimiento.

Acto seguido, él menciona sus antecedentes y los relaciona con su experiencia y las formas en que cree que puede ayudar a la empresa; no se explaya demasiado con sus antecedentes porque lo que busca es escribir sobre la empresa. Quien reciba el correo podrá ver el currículum por sí mismo y podrá pedirle que le cuente más sobre sus antecedentes si eso le parece importante.

La mayoría de la gente comete el error de hablar sobre sus calificaciones y antecedentes sin decir nada de valor o sin prometer valor: puedes tener todas las calificaciones y la experiencia que desees, pero si no tienes ideas, si no tienes pasión e impulso, no te destacarás de los demás. Debes conectar los puntos para ellos y mostrarles que tu experiencia y calificaciones son simplemente herramientas que te hacen más capaz de proporcionar valor a su empresa, pero el valor real eres tú, tus ideas, tu energía, tu creatividad.

En el correo, Jared se mantiene humilde y deja en claro que está dispuesto a hacer cualquier cosa que necesiten o servir en cualquier área del negocio para poner un pie en la puerta. Menciona que lo más importante para él es ser parte de la misión de la empresa, no obtener un salario enorme o conseguir una posición de poder, esta es otra forma en que Jared se distingue de la competencia: él ya cree en su misión y "solo quiere ser parte de ella".

Créeme, esto no significa que no obtendrás una posición de poder, o que no ganarás un salario enorme, pero la prioridad aquí es poner el pie en la puerta. Así que haz que se interesen en ti. A Jared se le pidió que se entrevistara para un puesto de alta dirección en la empresa a pesar de que no tenía ninguna experiencia, no solicitó el puesto y ni siquiera pidió la entrevista; lo ideal es conseguir que se te acerquen.

El texto sigue con algunas viñetas sobre sus puntos fuertes. Estos son puntos bien pensados que son lo suficientemente generales como para ser útiles en prácticamente cualquier área del negocio, pero lo suficientemente específicos como para importarle al lector. Finalmente, cierra con un descargo de responsabilidad, asegurándoles que no está pidiendo ningún favor.

Muchos gerentes de contratación y directores ejecutivos apreciarán tu franqueza si dices cosas así, porque demuestra que tienes los pies en la tierra, eres realista, consciente de ti mismo/a y que estás dispuesto o dispuesta a trabajar para cualquier oportunidad.

Jared va un paso más allá y apela a la mejor naturaleza de la CEO. Él dice *"no has construido una empresa para lo que es hoy sin ser una persona de mente abierta, como estoy seguro de que lo eres"*. Esto es un poco arriesgado, pero los riesgos pueden valer la pena; básicamente está pidiendo a la CEO que tenga la mente abierta, asumiendo que debe tener la mente abierta si ha construido un negocio exitoso para sí misma. El riesgo es que esto parezca agresivo o como si asumieras que los conoces cuando en realidad eres un/a completo extraño/a para ellos, pero el beneficio sería que cuando lean esa línea, puede que se den cuenta de tu valía.

Es posible que operen según el principio de que "las buenas ideas pueden provenir de cualquier lugar" y que tu llamado les recuerde eso y les ayude a decidir cumplir con ese principio.

El correo termina con un cierre suave. En tu primer correo electrónico, especialmente si solo estás enviando un correo electrónico frío a alguien que no tiene idea de quién eres, es una buena idea no ser agresivo/a. Haz todo lo posible para despertar su interés, pero no seas agresivo/a.

Para Jared, funcionó espléndidamente. La CEO le devolvió el correo electrónico y ambos mantuvieron una discusión por correo durante un tiempo… Luego, la CEO lo conectó con su gerente de operaciones para una evaluación adicional, para programar una llamada de *Skype* y, finalmente, para una entrevista para un trabajo administrativo. Jared estaba decidido, fue persistente con la CEO y se negó a darse por vencido.

· · ·

Al hacer un seguimiento después de enviar un correo electrónico en frío a alguien, debes demostrarle que estás decidido/a. Tienes que insinuar sutilmente *"no me rendiré hasta que me des una oportunidad"*, y tienes que hacerlo sin generar molestia. Puedes lograr esto incluyendo advertencias como, *"sé lo increíblemente ocupado que estás"*, o *"sé que este es solo uno de las docenas de correos electrónicos similares que estás leyendo"*, o *"solo estoy pidiendo 5 minutos"*; alguna de estas frases ayudará a disipar la tensión y hará que tus correos electrónicos parezcan menos agresivos y molestos.

Otras estrategias para conseguir una entrevista

- De boca en boca:

Esta es una de las herramientas más útiles para conseguir una entrevista. Si conoces a alguien que trabaje para la empresa que quieres o incluso si conoces a alguien que conozca a alguien, intenta que te recomienden. Aplica esto especialmente con las grandes empresas, ya que no solo puede ayudarte a conseguir una entrevista, sino también a conseguir el trabajo: las empresas se esfuerzan mucho en contratar personas buenas y eficientes, por lo que una vez que han contratado a alguien, invierten en esa persona.

Muchos gerentes de contratación y empresas creen que las buenas personas de su equipo conocen a otras buenas personas. Si ya aseguraron a una buena persona, será mucho más probable que consideren a alguien que esa persona recomiende que a alguien que simplemente solicita un puesto al azar, sin recomendación.

La otra gran ventaja de reunirse con alguien de la empresa es que, por lo general, pueden encontrar al gerente de contratación, reenviarle directamente tu currículum e informarle sobre tu interés en la empresa. Nuevamente, no importa qué tan bien conozcas a esta persona, si hay alguna conexión (incluso aunque sea distante), intenta utilizarla. Ten en cuenta que la mayoría de las empresas ofrecen bonificaciones por recomendación, esto significa que si Jerry refiere a Stephanie para un trabajo en su empresa y Stephanie es contratada, Jerry recibirá una bonificación de la empresa por ayudarlos a encontrar un nuevo empleado excelente.

Este es un gran incentivo para que otros empleados de la empresa te ayuden a relacionarte con el gerente de contratación, por lo tanto, si tienes alguna conexión con alguien de la empresa, úsala. Podría ser la diferencia entre ser contratado/a o ser rechazado/a.

- Personaliza tu *currículum vitae* según los requisitos de tu trabajo:

Cuanto más tiempo hayas estado en una industria, más sabrás que los requisitos de trabajo a menudo son tontos. Las empresas suelen copiar y pegar requisitos laborales genéricos aplicables a cualquier departamento en las ofertas de trabajo, sin pensarlo ni esforzarse mucho. Sin embargo, cuando te pongas en contacto con los responsables de la toma de decisiones en una empresa, no te limites a lanzar un currículum sin pensar en más que eso, mejor adapta tu currículum a la empresa.

Esto puede significar muchas cosas, pero realmente te hará destacar. Si puedes demostrar en tu currículum que tienes muchas de las habilidades que están buscando, estarán interesados en hablar contigo.

A menudo, esto significa omitir cosas irrelevantes: muchas personas cometen el error de llenar su currículum con cosas que a los reclutadores y gerentes de contratación no les importan.

Cuando adaptes tu currículum para que se ajuste a los requisitos de una empresa específica, intenta pensar en lo que realmente le importaría leer al gerente de contratación, corta todo lo que no sea relevante para tu trabajo. ¿Por qué? Cuando los reclutadores y gerentes de recursos humanos leen los currículums, a menudo comienzan por hojearlos; si ven un montón de cosas irrelevantes en tu currículum, lo tirarán a la basura incluso si también has incluido todas las cosas relevantes porque al final toda la información se mezcla y lo que tu empleador necesita no será fácil de identificar.

Sin embargo, si tu currículum es una lista concisa de habilidades relevantes y un historial simplificado de experiencia aplicable, sus ojos revisarán el documento y será como una lista de verificación: comenzarán a comprobar tus habilidades y experiencia y de repente pensarán: *"Sí, esta persona parece un candidato ideal"*.

Les estás facilitando las cosas al eliminar todo lo inservible y apegarte exactamente a lo que te hace perfecto/a para esta empresa, en lugar de hacer que tengan que buscar habilidades y experiencia relevantes. Además, solo hablando de la naturaleza humana, cuanto menos trabajo tengamos que hacer, mejor. Para el reclutador, cuanto menos lectura tenga que hacer, mejor.

Cartas de presentación y currículums

Lo mismo ocurre con las cartas de presentación, pero en un grado aún mayor. Esta es tu oportunidad no solo de personalizar tu mensaje para los requisitos específicos de la empresa, sino también de expresar lo que sabes sobre la empresa y lo que te resulta interesante. Muchas personas simplemente copian y pegan la misma carta de presentación una y otra vez, solo cambiando el nombre de la empresa. Los reclutadores y los gerentes de contratación pueden ver a través de eso.

Tú no quieres ser como esas personas, tú quieres que los reclutadores piensen *"esta persona escribió todo esto específicamente para nosotros"*. Esto puede significar incluir información específica sobre la empresa o mencionar algo sobre tu historial o actividades filantrópicas que realmente te impresionen. Esta es también tu oportunidad de mencionar cualquier conexión que tengas con la empresa o con cualquiera de sus empleados, puede ser algo tan simple como: *"Vi que el director ejecutivo fue a la Universidad Estatal de Ohio. Tienen un excelente programa de MBA, del cual tuve el privilegio de graduarme...".*

Esta también es una oportunidad de mencionar intencionalmente cualquier experiencia "relevante" que hayas tenido en el pasado con sus necesidades actuales. "Relevante", entrecomillado, porque a menudo, tu experiencia es tan relevante o irrelevante como la hagas sonar. Es posible que hayas tenido algunas responsabilidades menores en tu antiguo trabajo que se relacionan directamente con el puesto que te interesa. Concéntrate en esas. Siéntete libre de animarte a ti mismo/a para hacer que tu experiencia parezca más importante de lo que realmente era. Este no es un momento para la humildad, tu objetivo es hacer que el lector quiera conocerte.

- Piensa fuera de la caja:

Aludí a esto cuando hablábamos sobre cómo escribir tu correo electrónico al tomador de decisiones, cuanto más interesante puedas hacer tu carta de presentación y tu currículum, mejor. Por supuesto, deseas que sea apropiado y, lo más importante, relevante; pero si puedes pensar fuera de la caja, es muy posible que te mantengas muy por encima de la competencia.

- Los currículums en video son cada vez más populares, así que si eres el tipo de persona que se siente cómoda frente a una cámara, esta puede ser una excelente opción para ti. Si pueden ponerle un rostro al nombre y experimentar un poco tu comportamiento y personalidad, esto puede ser un gran diferenciador si les gusta lo que ven.
- Puedes también hacer un currículum a manera de infografía y esto demuestra, además de tu creatividad y organización, que trabajas duro. Estarán impresionados de que

te hayas tomado el tiempo de crearlo para ellos.

- Agrega un toque de color en tu currículum tradicional en papel, dale un diseño elegante, agrega una foto tuya. Hay muchas formas de personalizarlo y hacerlo más interesante.

- Incluye un portafolio si es posible: esto puede incluir una hoja de cálculo, números de ventas, trabajo de diseño, proyectos anteriores, cartas de recomendación, premios, etc. Cualquier cosa que creas que es directamente relevante para el trabajo que los impresionará, puedes incluir una pequeña carpeta junto con tu currículum y carta de presentación.

Comienza con lo que puedes hacer por ellos, en vez de decir que realmente quieres el trabajo o que sería algo genial para ti: muchas personas cometen el error de comenzar directamente con las razones por las que quieren el trabajo o lo bueno que sería obtenerlo; esto es un error porque el gerente de contratación y el reclutador están más interesados en lo que tú puedes hacer por ellos, no en lo que ellos pueden hacer por ti.

Es genial ser entusiasta y hablar sobre cuánto deseas el trabajo y lo excelente que crees que es la empresa, pero no empieces con eso. Comienza hablando sobre lo que puedes hacer por la empresa y las áreas específicas en las que crees que realmente puedes marcar la diferencia. Después de haber hablado sobre las formas en que puedes ayudar a la empresa, puedes hablar sobre lo emocionado/a que estás con la perspectiva de trabajo o lo impresionado/a que estás con la empresa, o lo bueno/a que sería este trabajo para ti, etc.

Principalmente, evita sonar desesperado/a. Posiciónate en el lado de, "*soy perfecto/perfecta para este trabajo, y estarías loco si no me contratas*", en vez del lado de *"¡¡Por favor, por favor, dame este trabajo!! Lo quiero tanto"*. Quererlo no es algo malo, de hecho, es algo grandioso; las empresas quieren contratar personas motivadas y entusiastas, pero hacer parecer que estás desesperado/a o que estás pidiendo que te hagan un favor en realidad se interpreta como una señal de alerta, y es posible que estén menos inclinados a considerarte como un candidato o una candidata.

- Bríndales una vista previa:

En tu carta de presentación o correo electrónico de presentación, bríndales una pequeña vista previa del tipo de trabajo que pueden esperar de ti. Por ejemplo, si tienes una gran idea sobre cómo la empresa puede crecer o mejorar, cuéntales un poco al respecto; no entres en detalles, pero demuéstrales que no tienes miedo de pensar en grande y que tienes muchas ideas geniales que podrían ayudarlos como empresa.

Esto, por supuesto, depende mucho de cuál sea tu experiencia y de lo que sepas sobre el trabajo que estarías haciendo. Si no sabes específicamente qué tipo de trabajo estarías haciendo y/o si no sabes lo suficiente sobre la empresa, abstente de dar muchas ideas, podrías resaltar tu ignorancia en lugar de hacerte destacar de una buena manera.

Si no estás seguro/a de cómo proceder, siempre puedes decir algo como: *"estoy muy interesado/a en aprender más sobre cómo opera su empresa. Estoy tan lleno/a de ideas sobre cómo empresas como la suya pueden expandirse y crecer que me encantaría poder compartirlas con ustedes".*

Diles que estás impresionado/a con ellos: busca algunas cosas específicas a las que aludir y menciona lo importante que te parece su empresa. No lo abordes como si estuvieras adulando o dando halagos vacíos, acércate más como si supieras de lo que estás hablando, como si supieras todo sobre empresas como la de ellos.

. . .

Esta también es una oportunidad para que seas específico/a sobre lo que has leído en las calificaciones que ha recibido la empresa por parte de los empleados, pero solo si son positivas. Sitios como *Glassdoor* se dedican a registrar, entre otras cosas, las calificaciones de satisfacción de los empleados. Para las empresas más grandes, esta calificación es muy significativa, sus empleados actuales y pasados pueden calificar a la empresa en función de una variedad de criterios, esto brinda una imagen decente de cómo se sienten las personas al trabajar con ellos.

Si la calificación es buena y observas que muchas personas comentan sobre algo específico, menciónalo en tu correo electrónico o carta de presentación.

Puedes decir algo como: *"en mi investigación sobre su empresa, me sorprendió mucho lo bien que parecen hablar los empleados sobre trabajar ahí. Fue realmente refrescante ver a tanta gente teniendo grandes experiencias trabajando con ustedes"*. O puedes ser aún más específico/a como: *"noté en* Glassdoor *que muchos empleados expresaron cuánto admiraban al CEO. Realmente parece un hombre inspirador y debe ser una gran experiencia trabajar con él"*.

Por supuesto, si la calificación es baja o si parece haber muchas quejas sobre algo específico, ahora no es el momento de discutirlo. Puedes discutir estas inquietudes con el gerente de contratación más tarde, después de que te hayan hecho una oferta o al menos después de la entrevista.

Sé audaz pero humilde: existe una gran diferencia entre tener confianza y ser arrogante, no quieres parecer esto último.

Algunas personas se pegan un tiro en el pie al tratar de venderse a sí mismos porque lo hacen de una manera exagerada, por lo que luego, el gerente de contratación o el reclutador pensarán que son personas realmente egocéntricas o que esperarán demasiado dinero y no realizarán un buen trabajo en equipo. En vez de eso, menciona que únicamente quieres *ser parte* de la compañía, o di algo como *"estoy ansioso/a por poder aprender más sobre…"*

El seguimiento

Otro error importante que la gente comete cuando solicita un trabajo es no realizar un seguimiento. Tienes que entender y ser consciente de que eres una de las MILES de personas que solicitan este trabajo, no solo eso, el gerente de contratación generalmente supervisa muchos puestos (no solo el que estás solicitando), por lo que no puedes engañarte pensando que el gerente de contratación sólo pensará en ti como el o la candidata/a ideal. Tienes que hacer que sigan pensando en ti.

Por lo general, los gerentes de contratación (y las empresas en su conjunto) buscan a alguien que sea asertivo y un verdadero emprendedor proactivo.

Si simplemente esperas de manera pasiva después de presentar la solicitud o enviarles un correo electrónico, anhelando que te consideren lo suficientemente importante como para comunicarse contigo, es posible que te estés perdiendo de otra oportunidad valiosa para distinguirte.

Si puedes mostrarles lo apasionado/a que estás por el trabajo que tienes entre manos, lo persistente que eres y lo mucho que deseas el trabajo, la mayoría de los gerentes de contratación lo tomarán como una buena señal. Si te acercas a la búsqueda de un trabajo con ese tipo de determinación, confianza y ética laboral, es probable que puedas aportar mucho de eso al área de trabajo si deciden contratarte.

. . .

Ve a continuación un correo electrónico que ejemplifica cómo podrías dar seguimiento a tu correo electrónico de presentación:

Hola Bill,

Espero que todo te vaya muy bien. ¿Cuándo sería un buen momento para tener una discusión rápida sobre mis ideas para su estrategia de marketing de contenido para el próximo año fiscal? Estoy ansiosa por aportar valor a la mesa y solo me tomaría unos minutos mostrarte lo que puedo hacer por ustedes, aprovechando mi experiencia y conocimientos creativos.

Estoy libre cualquier día de la semana que viene entre 3 y 5, ¿habría algún momento en esos horarios donde pudiéramos tener una llamada rápida?

¡Espero pronto saber de ti!

Saludos,
Annie Smith

Hay algunas razones por las que un correo electrónico como ese puede ser una herramienta de seguimiento eficaz.

. . .

1. Es breve, conciso y directo: como ya mencioné, nadie está particularmente interesado en hojear un correo electrónico interminable para ver si hay algo que realmente valga la pena leer. Elimina todas las tonterías y quédate con el mensaje rápido y fácilmente procesable que cualquier persona estaría dispuesta a leer.

2. Es familiar sin ser informal: en lugar de decir "*Estimado Bill*", o "*A quien corresponda*", o cualquiera de los saludos formales típicos, simplemente inicia con un "*Hola, Bill*". Y cuando concluye, en lugar de "*Atentamente*" o incluso "*Saludos cordiales*", escribe algo más tranquilo y sencillo. Lo que esto logra es un nivel percibido de simpatía y familiaridad que es sutil pero efectivo, puede que Bill sienta que ya te conoce hasta cierto punto o que ambos ya se han comunicado de alguna manera. También le muestra a Bill que eres una persona sensata, que te estás presentando solo para ofrecer valor y no para alabarlo.

3. Es seguro: asume que Bill estaría dispuesto a concretar un encuentro. No de una manera arrogante, pero al escribir algo parecido estarás mostrando una confianza innata en tus propias habilidades que dice "*dada la oportunidad, lo haré. Yo iré más allá.*"

. . .

La confianza es clave, tanto para conquistar a alguien como para realizar bien un trabajo; sin embargo, el exceso de confianza puede tener el efecto contrario. Existe un delicado equilibrio entre tener confianza en tus habilidades pero a la vez estar ansioso por aprender, y ser arrogante y confiado en exceso.

El exceso de confianza no es un rasgo deseable en los posibles empleados y socios comerciales. Le dice al gerente de contratación que estás engañado/a porque ya crees que lo sabes todo y que probablemente no serás receptivo o receptiva a observaciones para mejorar en el trabajo, así que probablemente tampoco recibirás bien las críticas constructivas. Si puedes equilibrar la confianza con el entusiasmo por aprender y el entusiasmo por el trabajo, tienes una receta para el éxito.

Los empleadores quieren a alguien que confíe en sus habilidades porque podrá desempeñarse bien y aportar valor a la mesa, pero también quieren a alguien que se dé cuenta de que todavía tiene mucho que aprender.

Si estás ansioso/a por aprender, eres humilde y te entusiasma la idea de mejorar y crecer, eres exactamente lo que buscan los empleadores.

1. Es específico: no está siendo vago ni está insinuando la necesidad de algún favor. Al hacer esto no te estás adelantando, sino que estás diciendo algo muy específico, le estás diciendo a tu futuro empleador que solo quieres unos minutos para hablar con él, le estás diciendo de qué quieres hablar y le estás diciendo brevemente por qué podría valer la pena dedicar su tiempo a hablar contigo. Cuando alguien lea tu correo electrónico, estas serán las cosas que estén buscando desde el principio: qué quieres y por qué deberían dártelo (¿qué gano yo?).

2. Cierra con un llamado a la acción: puedes llegar a exagerar con esto, pero recuerda que la idea es que sea sutil. Demasiadas personas escribirán un buen correo electrónico, pero luego lo cerrarán sin convicción; se venderán bien, pero luego no pedirán lo que quieren. No llamarán al lector a la acción. Por lo general, esto significa que el correo electrónico pasará a un segundo plano y podría o no obtener respuesta.

En cambio, este ejemplo finaliza pidiendo una respuesta fácil y eso es lo que debes hacer: "*¿habría algún momento en esos horarios donde pudiéramos tener una llamada rápida?*" Le estás dando una propuesta real y la estás concretando. No solo estás diciendo: "*¿cuándo sería un buen* *momento para hablar?"*, esa pregunta es demasiado vaga, abre una puerta a evitar la pregunta o darle la espalda pues podrían responder con algo como: *"podría tener algo de tiempo el próximo mes, o, ¿por qué no me dice cuándo está libre y si puedo, le llamaré en algún momento?"*

Al usar la primera pregunta estás diciendo: *"estoy libre durante estos horarios, ¿podrías hablar durante uno de estos momentos?"*, las únicas respuestas que pueden dar son: *"sí, estoy libre en tal o cual momento en tal y tal fecha"*, o *"desafortunadamente la próxima semana no funcionará para mí, pero estoy libre el lunes de la siguiente semana"*, o bien, *"gracias por su interés, no estamos interesados en continuar con este asunto en este momento"*. De cierta manera, sutilmente fuerzas su mano porque estás pidiendo una respuesta específica de sí o no que es más difícil de ignorar, en vez de dejar todo en el aire.

2

Preparación para la entrevista

LA PREPARACIÓN para la entrevista es de suma importancia. Puedes estar pensando *"bueno, eso es obvio..."*, pero te sorprendería cuántas personas no se preparan adecuadamente antes de una entrevista y luego se preguntan por qué ésta no salió bien. Cuando digo prepararse, no me refiero solo a imprimir tu currículum y planchar tu traje, me refiero a hacer una investigación a profundidad de la empresa, practicar preguntas difíciles, pensar en las respuestas, hacer una lluvia de ideas sobre lo que podría ser importante para este gerente de contratación en particular para este trabajo en particular. Definitivamente, hay algunas cosas básicas que debes saber sobre la empresa:

- Debes saber quién es el o la CEO
- Deberías poder recordar algunos de los valores fundamentales de la empresa y al menos leer la declaración de misión

- También, cuánto tiempo ha estado en funcionamiento la empresa
- Investiga el tamaño de la empresa o algún aproximado (ya sea en términos de ingresos, número de empleados o ambos)

Tener este conocimiento general dejará en claro que has hecho los deberes. Por supuesto, las posibilidades de que te pregunten si conoces el nombre del director ejecutivo son bajas, pero no se vería bien que no pudieras dar una respuesta. Independientemente de si te preguntan o no sobre alguno de estos elementos de información, te da la oportunidad de lucirte un poco de manera sutil si se presenta la oportunidad adecuada.

A menudo, te encontrarás con preguntas como: *"¿por qué está interesado/a en nuestra empresa?"*, esto es diferente a *"¿por qué quieres este trabajo?"*; sin embargo, las personas a menudo responden a la pregunta como si les hubiesen preguntado lo último.

Se lanzan a una larga explicación de por qué este trabajo se adapta perfectamente a su conjunto de habilidades y enumeran todas las grandes cosas que esperan obtener del trabajo. Si bien no hay nada de malo en eso en sí, es probable que ya lo hayan dejado todo claro en otras partes de la entrevista.

. . .

Cuando preguntan *"¿por qué quieres trabajar para nuestra empresa?"*, en realidad la pregunta es si sabes algo sobre ellos y si algo te impresiona o te llama la atención. Esta es tu oportunidad de lucirte un poco, una forma sutil de mostrar lo que sabes es hablar de los valores fundamentales y hacer referencia al CEO, por ejemplo:

"Realmente me atrajo que uno de los valores fundamentales de la empresa es la tenacidad. Esa es una palabra que no se escucha a menudo y es algo muy importante para cualquier empresa, no solo para tener éxito, sino para realmente luchar por sus clientes y demostrarles que están de su lado. Seguramente se habrá necesitado mucha tenacidad para que el fundador, el Sr. Stephens, abandonara la escuela de medicina y comenzara esta empresa de la nada mientras aún trataba de mantener a su familia. Y ahora, solo 25 años después, la empresa emplea a más de 15.000 personas. Qué legado.

Esa es una historia de la que me encantaría formar parte. Realmente parece una empresa en la que cualquiera estaría orgulloso de trabajar, y eso es importante para mí".

Este es solo un ejemplo inventado, pero observa cómo muestra sutilmente lo que sabes sobre la empresa mientras respondes directamente a su pregunta y les muestras lo impresionado/a que estás con la empresa. Esa respuesta les dice que conoces sus valores fundamentales, sabes quién es el director ejecutivo, sabes cuánto tiempo lleva la empresa en el negocio y sabes qué tan grande es la empresa. Cualquier entrevistador quedará impresionado con eso.

Preparación específica para el trabajo

Otro error que las personas suelen cometer es que se preparan para todas las entrevistas de la misma manera. Así como muchas personas envían el mismo currículum genérico y la misma carta de presentación a una empresa tras otra para un trabajo tras otro, muchas personas no se preparan lo suficiente para la empresa específica y el trabajo específico que buscan. Lo que necesitas es saber realmente lo que implica el trabajo, lo que buscan y cómo encajas en él, debes leer la descripción del trabajo varias veces y también debes llevarla a la entrevista como referencia.

Las descripciones de puestos son notoriamente vagas y genéricas, así que no le des demasiada importancia y prepárate para hacerles preguntas para aclararlas. Ve lo que puedas averiguar sobre la persona que te estará entrevistando: si tienes su nombre, consulta su perfil de *LinkedIn*, revisa si hay algo que tengas en común con él o ella, mira la experiencia pasada que tienen.

. . .

Si se trata de una empresa grande, búscala en Google para ver qué titulares están apareciendo, lee todos y cada uno de los artículos de noticias recientes y anteriores sobre la empresa. Si ha habido escándalos o contratiempos financieros, infórmate de los detalles, pero no esperes discutirlos en la entrevista. Concéntrate en las cosas positivas o los desafíos que se han revelado.

- Familiarízate con el sitio web

Trata de comprender en qué mercados opera la empresa. Está bien si no estás completamente en lo cierto, pero si has hecho un esfuerzo por comprender cómo opera el mercado y qué posicionamiento tiene la empresa en él, eso te dará una ventaja. Sé capaz de nombrar a algunos de los competidores, hay muchas formas de encontrar los principales competidores de una empresa. Para las pequeñas empresas, puede resultar complicado pero para empresas más grandes, simplemente puedes buscarlo en Google o utilizar herramientas como *Capital IQ* o *D&B Global Business Browser* o *Hoovers*.

Tómate un tiempo para leer sobre la industria (especialmente si la industria es nueva para ti). Escanear titulares y leer artículos puede ayudarte a informarte sobre las nuevas tendencias en la industria y los nuevos desafíos que enfrentan las empresas en la misma. No tienes que ser acertado/a con tus conocimientos aquí, el demostrar que hiciste un esfuerzo para educarte a ti mismo/a es lo importante.

Cuando discutas lo que leíste y aprendiste, no lo declares como un hecho, solo menciona cosas como *"estaba leyendo tal..."* o *"parece que muchas empresas de esta industria están luchando con..."*. También puedes preguntar *"¿quiénes son sus principales competidores? Por lo que sé sobre la industria, los grandes actores son la empresa A, la empresa B y la empresa C."* Presentar la información de esta manera demuestra que has investigado, pero también reconoces que probablemente hay muchas cosas que no sabes y que estás ansioso/a por conocer las primicias.

Ten presente que no lo sabes todo, expresa tu entusiasmo por aprender más sobre la empresa, y ofrece humildemente lo que sabes sobre ellos, pero sin parecer un/a sabelotodo. Dilo como *"entiendo que ustedes hacen..."*, o *"me gusta mucho el énfasis de su empresa en..."*.

Preparar preguntas para hacer en la entrevista

. . .

Piensa en una lista de preguntas para la entrevista y escríbelas. No hay nada peor que no tener nada preparado cuando dicen *"¿tiene alguna pregunta para nosotros?"*.

No querrás sobrecargarlos con demasiadas preguntas ni hacer preguntas que ya se hayan abordado durante el transcurso de la entrevista, porque normalmente te responderán al final de la misma. Puedes revisar visiblemente tu lista de preguntas para mostrarles que estás preparado/a y decir algo como: *"bueno, muchas de estas ya han sido respondidas anteriormente durante nuestra conversación, lo que es genial, pero quería preguntar..."*, lo que hará parecer menos extraña la situación si no tienes muchas preguntas, pero definitivamente debes tener una lista de preguntas preparada.

Cuando te pidan tus preguntas, puedes palpar la situación y juzgar cuáles te parecen más importantes y cuántas deberías hacer sin poner a prueba su paciencia.

Las preguntas que escribas deben ir de generales a específicas, debe haber preguntas relacionadas con el trabajo, relacionadas con la empresa, preguntas de opinión personal, preguntas acerca de la industria, etc.

- ¿Cómo se medirá el éxito en esta posición?

Esta pregunta es buena porque le pides al gerente de contratación que defina específicamente cómo será el éxito en el puesto que estás solicitando. Pedirles que definan esto puede ayudar a obtener una perspectiva interna de lo que es realmente importante para el gerente de contratación y para la empresa, y a menudo, te darán una respuesta que no podrán encontrar en la descripción del trabajo.

Otra razón por la que hacer esta pregunta es beneficioso es que podrás comparar la respuesta que te den con las fortalezas y cualidades que ya les has dicho que tienes. Esto te ayudará a decidir si te has vendido adecuadamente o si necesitas venderte un poco más.

Por ejemplo, podrían decir algo como que éxito en ese rol se definirá en la capacidad de alcanzar los objetivos de ventas mensuales, lograr los requisitos de crecimiento y cumplir con todos los mínimos de actividad de ventas; esto te dice que este administrador se centra en el resultado final, quiere números y valores medibles. Esto podría ser un indicador de que deberías hablar un poco más sobre datos duros e informarles sobre el tipo de números que has logrado en el pasado.

Brinda al gerente cifras concretas sobre los objetivos de ventas que cumpliste y superaste en el pasado, habla sobre los contratos que has negociado, si fuiste un/a vendedor/a de primer nivel, habla sobre tu comparación con los demás vendedores de tu departamento. Esto contribuirá en gran medida a demostrarle al gerente de contratación que tienes lo que se necesita para lograr éxito en el puesto, no solo en función de la descripción del puesto, sino también en función de sus propios criterios.

- ¿Qué tipo de comunicación y comentarios tendré de mi supervisor directo?

Esta pregunta es más importante para ti que para ellos. Esto te ayudará a comprender cuánta supervisión habrá entre tu superior directo y tú, obtendrás una idea decente de cuánto te manejarán activamente en lugar de dejar que te las arregles solo/a. Este nivel de gestión personal puede ser un pro o un contra dependiendo de cuáles sean tus preferencias y estilo de trabajo.

Si es un rol del que no estás seguro/a o que tendrá una gran curva de aprendizaje para ti, querrás un supervisor que realmente se involucre en ti y que haga todo lo posible para capacitarte y brindarte todas las herramientas y recursos necesarios para que te vaya bien en tu nuevo trabajo. Por otro lado, si tú eres el tipo de persona que se desempeña mejor cuando se le deja sola y, en particular, si tienes experiencia y ya sabes lo que estás haciendo, es posible que estés buscando a alguien que emplee un estilo de gestión más libre, sin intervención.

La respuesta que obtengas a esta pregunta no solo te ayudará a comprender el nivel de apoyo que recibirás de tu jefe, sino que también ayudará al gerente de contratación a ver que una buena relación de trabajo con tu jefe es importante para ti. Les estás demostrando que valoras la comunicación, que ciertamente solo puede ser una característica positiva en el mundo laboral.

- ¿Cuáles son las oportunidades de avance en esta posición y en esta empresa?

Es muy importante saber qué oportunidades existen para la promoción y el avance en la empresa, especialmente cuando se comienza con una nueva empresa.

Asumo que no querrás quedarte atrapado/a en el mismo papel para siempre, ¿quién lo haría? La respuesta del gerente de contratación te dirá el valor que la empresa otorga al desarrollo de sus empleados, una buena empresa no solo premiará el buen desempeño laboral, sino que contará con planes de desarrollo específicos para cada empleado desde abajo hacia arriba.

Esto no solo te ayudará a comprender cuáles son tus posibilidades, sino que también le mostrará al gerente de contratación que eres ambicioso/a y que deseas desarrollarte, crecer y siempre mejorar. A los empleadores les gusta contratar personas que estén ansiosas por desarrollarse porque esperan que al invertir en ti como empleado/a, tú contribuyas cada vez más a la empresa y, finalmente, puedas asumir un papel de liderazgo en la empresa.

- ¿Cuáles considera que son los mayores desafíos para un nuevo empleado en este puesto?

Este es otro cuestionamiento que te ayudará a venderte mejor. Le estás preguntando específicamente al gerente de contratación *"¿con qué luchan las personas nuevas en esta función?"*, esto está atacando el problema desde la raíz, lo aborda sin rodeos y abiertamente.

Tanto tú como el gerente de contratación saben que si te contratan, serás nuevo/a y habrá algún tipo de curva de aprendizaje; si puedes mitigar esa curva al comprender y evitar los problemas y desafíos más comunes que enfrenta un nuevo empleado típico en este puesto, ya estarás muy por encima de la multitud.

A las empresas les gusta ver que estás tratando de abordar el problema de manera proactiva.

- ¿Cuáles considera que son las cualidades más importantes que un nuevo empleado necesita en este puesto?

Esto es muy similar a la pregunta pasada, pero en lugar de problemas, estás pidiendo rasgos y características positivas.

Esta es otra oportunidad para que comprendas mejor los requisitos del trabajo y trates de hacer coincidir las fortalezas que compartiste con ellos con lo que están buscando en ese trabajo. Esto es clave porque a menudo las personas tienen "fortalezas" y características real- mente personales que no son particularmente impor- tantes para el gerente de contratación.

Por ejemplo, digamos que te estás entrevistando para un puesto de desarrollo comercial y realmente estás tratando de venderte al gerente de contratación en función de las habilidades que crees que serán importantes para él. Enfatizas tus habilidades organizativas y tu competencia con hojas de cálculo, tablas dinámicas y de Excel, análisis financiero y recopilación y análisis de datos. Luego, cuando le preguntas al gerente de contratación cuáles son las cualidades más importantes para este puesto, dice algo como: "*estamos buscando un candidato que sea excelente para trabajar en varios departamentos en varios niveles de la empresa. Necesitamos a alguien que sea excelente con las personas y que sea bueno para motivarlas a trabajar juntas. Aparte de eso, necesitamos a alguien que sea capaz de tomar decisiones y alguien que tenga la mente abierta y esté ansioso por aprender cómo funciona nuestro negocio.*"

Ahora ves que enfatizaste el conjunto de habilidades incorrecto, pensaste que ciertas cosas eran más importantes para el gerente que otras, pero estabas equivocado/a. Se preocuparon más por las habilidades interpersonales, la toma de decisiones y la capacidad o entusiasmo por aprender que por la capacidad de crear hojas de cálculo completas y analizar datos. Eso no significa que esas habilidades no sean importantes o incluso que no se utilizarán bien en el trabajo, solo significa que eso no es lo más importante que está buscando el gerente. Al pedirles que describan específicamente las características que buscan en un nuevo empleado, podrás hablar directamente sobre eso cuando hables sobre ti, tus fortalezas y tu experiencia.

. . .

¿Qué haces si esperaste hasta el final de la entrevista para hacer esta pregunta y ya hablaste sobre tus puntos fuertes y tu experiencia y no coincidía con lo que dijeron que eran las características más importantes para los nuevos empleados? La mejor manera de manejarlo es con positividad. Actúa muy emocionado/a cuando hablen sobre las habilidades y competencias que están buscando. Di algo como *"vaya, me alegra saber que estás buscando..."* y dale la vuelta, para mostrar cómo encajarías perfectamente a la luz de lo que dijeron.

- ¿Por qué está abierto este rol? ¿Por qué se fue el predecesor?

Ten cuidado con esta pregunta, solo hazla si la situación se siente bien y evita parecer agresivo/a cuando lo preguntes. Estás buscando cualquier señal de alerta que pueda haber hecho que la persona antes de ti se fuera, si el departamento tiene problemas importantes o el entorno de trabajo es miserable, querrás saberlo de antemano y alejarte de este trabajo. Esta pregunta te ayudará a tener una mejor idea de en qué puedes o no meterte. La mayoría de los gerentes profesionales dirán algo como *"aceptó otra oportunidad que estaba mejor alineada con sus objetivos"* o *"de hecho, la ascendieron a un puesto más alto en la empresa"*. Estas son excelentes respuestas, pero si el gerente actúa de manera incómoda o dice algo agresivo o despectivo sobre el empleado anterior, eso es una gran señal de alerta.

. . .

Si dicen algo como *"no tenía lo que se necesitaba para tener éxito en este puesto"*, esta es una oportunidad para que tú obtengas más información sobre el trabajo y las demandas que imponen a sus empleados.

Cortésmente, podrías decir algo como: *"Ya veo. ¿Hay algo más que pueda contarme al respecto para que yo pueda comprender mejor el papel y las expectativas?"* Entonces puedes simplemente guiarte por lo que te dicen, si el gerente continúa enumerando las expectativas que el empleado no estaba cumpliendo, esto podría significar 2 cosas:

1. El empleado era incompetente y debería haber podido satisfacer esas demandas, o,
2. la empresa establece expectativas poco realistas para sus empleados.

Si lo segundo es cierto, puedes reconsiderar si quieres o no el trabajo. Recuerda, una alta rotación es una mala señal para una empresa, si no pueden mantener a sus empleados, eso te indica que hay algo mal en la forma en que les tratan. Eso debería ser una gran señal de alerta para ti, por lo tanto, si descubres que la empresa tiene una alta tasa de rotación, deberás considerar las implicaciones.

- ¿Cuáles cree que son algunos de los mayores desafíos que enfrenta la empresa en la industria en este momento?

Esto es más por tu bien que por el de ellos, estás buscando señales de alerta que puedan ser evidentes. Si dicen algo aquí que parezca que la empresa no tiene mucho futuro, es posible que desees considerar otras alternativas.

- ¿Puede contarme más sobre las responsabilidades diarias de este trabajo?

Esta es otra gran pregunta para tener una mejor idea de qué se trata el empleo. La descripción del trabajo puede decir todo tipo de cosas sobre cuáles son los roles y las responsabilidades, pero hacer una pregunta abierta sobre cómo es un día típico para alguien en esta posición te dará una idea mucho mejor de en dónde te estás metiendo. De hecho, muchos empleadores ahora harán que los posibles empleados "sean la sombra" de alguien en su departamento futuro como parte del proceso de entrevista.

Esto tiene 2 propósitos: 1) te da una mejor idea de que el trabajo se trata y si realmente es algo que deseas o no, y 2) le da al empleador otra métrica para ponerte a prueba, quienquiera a quien sigas, hará un informe completo de la experiencia al gerente de contratación. Lo mejor para el empleador es contratar a alguien que realmente quiera y le guste el trabajo, por lo tanto, tiene sentido que sean honestos contigo sobre la naturaleza del trabajo y las responsabilidades que incluye.

Si el "ser la sombra" de algún empleado no es parte del proceso de la entrevista, es posible que desees preguntarle al gerente de contratación si podrías hablar con uno de los empleados actuales solo para comprender mejor el trabajo (no haría esto hasta que haya pasado al menos la primera ronda de entrevistas).

- ¿Qué es lo que más le gusta de esta empresa?

Muy similar a la pregunta anterior, esta es una pregunta divertida de hacer solo para tener una mejor idea de la cultura de la empresa. Además, a las personas generalmente les gusta cuando les haces preguntas sobre ellos mismos, por lo que un gerente de recursos humanos puede quedar gratamente sorprendido cuando les preguntes esto. Es posible que subconscientemente se sientan más favorables hacia ti por interesarte en ellos.

NOTA: ten cuidado de no sobrecargar al entrevistador con preguntas. Desafortunadamente, los gerentes de contratación, los reclutadores y los entrevistadores son personas y, a menudo, dejan que sus molestias y pequeños prejuicios influyan en sus decisiones de contratación, así que haz todo lo posible para predisponerlos a que seas de su agrado y piensen positivamente en ti cuando reflexionen sobre los candidatos que han entrevistado.

- **3 cosas para recordar al hacer preguntas en la entrevista:**

1. ¿Con quién estoy hablando? Si es una pregunta muy específica del trabajo y no estás hablando con el gerente de contratación (digamos que estás hablando con el reclutador), no te molestes en preguntar. No tendrán una mejor respuesta para ti que lo que ya te han dicho sobre el trabajo.

2. ¿Qué impresión dará esta pregunta? Tienes que basar esto en el ambiente de la entrevista y en cómo han ido las cosas hasta ahora. Si la pregunta resulta agresiva o simplemente molesta, es mejor no hacerla. Solo tendrás que palpar el ambiente.

3. ¿Esta pregunta dejará perplejo al entrevistador? Por lo general, no deseas hacer una pregunta que sea demasiado difícil o demasiado específica para que el entrevistador

no pueda responderla. Algunas personas se sentirán resentidas si les haces una pregunta cuya respuesta no saben.

Cuando ciertos tipos de personas están actuando en posiciones de autoridad y luego se les hacen preguntas para las que no saben la respuesta, se sienten inseguros y algo avergonzados. Estos sentimientos pueden convertirse en resentimiento, que es lo último que deseas que el entrevistador sienta por ti, así que trata de sentir la situación y haz solo las preguntas que te parezcan apropiadas.

Si haces una pregunta y ellos dudan o parece que no saben la respuesta, trata de responderla parcialmente para que se alivie la presión.

Por ejemplo, si preguntas *"¿cómo es la salud financiera de la empresa?"* y el entrevistador se congela y parece que no esperaba esa pregunta, puedes hacerte cargo para quitarles la presión: *"Leí en línea que su último trimestre fue realmente bueno..."* (etc., ya entiendes la idea).

También, prepárate para cualquier pregunta que te puedan hacer y ten una buena respuesta, especialmente para las difíciles: *¿Por qué lo despidieron de su último trabajo? ¿Cuál es su mayor problema o lucha en el lugar de trabajo? Hábleme de un momento en el que tuvo un conflicto en el lugar de trabajo...*

. . .

Prepara una excelente respuesta para el "hábleme de usted". Trata de destacarte en lugar de simplemente dar los básicos 30 segundos de historia de vida; no divagues, sé breve, interesante y al grano.

Responder a preguntas en la entrevista

Probablemente incluso más importante que preparar las preguntas para la entrevista es prepararte para las preguntas que se te harán en la entrevista. Aunque no puedes prepararte para todo aquí, puedes mitigar el riesgo de que te tomen desprevenido/a, pensando en las respuestas a muchas de las posibles preguntas que se te harán. Cuando las personas no están preparadas para una pregunta, a menudo se agotan y comienzan a tropezar con sus palabras porque no pueden pensar en algo rápido en el acto.

La mayoría de las personas están nerviosas y bajo presión en el contexto de una entrevista, por lo que no es el mejor entorno para dar buenas respuestas en el acto. Como resultado, suelen dar respuestas débiles o incluso extrañas a las preguntas que se les hacen porque están nerviosas y buscando algo que decir.

. . .

Un ejercicio que me gusta hacer es tomar una lista de posibles preguntas de la entrevista y anotar las respuestas como si me las estuvieran preguntando en ese momento. Por lo general, anotaré las respuestas con viñetas para cada pregunta; no escribo una respuesta completa con un guión, solo ideas básicas de los puntos principales que abordaría.

¿Por qué no escribo las respuestas completas? Principalmente porque no quiero que mis respuestas parezcan provenientes de un guión cuando me las piden, quiero poder verbalizar lo que quiero decir con franqueza basándome en los puntos que he escrito. Los puntos no solo ayudan a guiarte en tus respuestas, sino que también se aseguran de que no olvides ningún punto en tu respuesta. Muchas preguntas requieren respuestas multifacéticas que requerirán que toques varios puntos, cuando hay presión, a menudo no pensamos con claridad, y sin esas viñetas, un componente importante de la respuesta que pensamos cuidadosamente podría pasarse por alto fácilmente.

Preguntas:

- ¿Cuáles son sus puntos fuertes?

Esta es tu oportunidad para presumir. Aunque

normalmente tus puntos fuertes aparecerán en tu currículum y tendrás la oportunidad de discutirlos durante el transcurso de la entrevista, cuando te hagan una pregunta específica como esta, es bueno tener una respuesta clara y precisa para ellos.

Esto significa elegir 2 o 3 fortalezas que no solo son cosas en las que sobresales, sino rasgos que son muy relevantes e importantes para el trabajo para el que estás siendo entrevistando/a.

Para cada fortaleza que analices, presenta un poco de evidencias o pruebas de la fortaleza. Esto podría incluir un ejemplo o hacer referencia a algo de tu currículum para respaldar tu afirmación de que este es uno de tus puntos fuertes. No divagues y no sigas hablando de una fortaleza en particular, nombra algunas de ellas, proporciona pruebas y luego puedes concluir diciendo algo como *"estos son algunos de mis puntos fuertes. Mi currículum proporciona más detalles y me complacería compartir más con ustedes sobre estas habilidades o cualquiera de otras de mis áreas de competencia"*. Esta es una buena manera de cerrar porque estás insinuando que no solo tienes más habilidades de las que les acabas de decir, sino que si quieren saber más sobre alguna habilidad o rasgo en particular, estás dejando la puerta abierta para que pregunten.

· · ·

Esta respuesta debería centrarse más en las necesidades del empleador que solo en tus áreas generales de excelencia.

Trata de ser honesto/a, pero elige las fortalezas que sean relevantes y que consideres que serán las más importantes para un candidato que se postule para este puesto. Al menos una de las fortalezas que menciones debe ser muy específica del trabajo, las demás pueden ser rasgos de personalidad o carácter más generales que son relevantes para cualquier trabajo.

Supongamos que te estás entrevistando para un puesto de gestión de recursos humanos:

"Yo diría que una de mis mejores fortalezas es el liderazgo.

Desde muy joven siempre fui un líder, como el mayor de 5 hijos, alguien tenía que hacerse cargo. En mis 5 años de experiencia como Business Partner de RRHH en la empresa ABC, dirigí un equipo de 6 Recruiters y HR Generalists. Asumir la responsabilidad de encontrar los mejores talentos y llenar la empresa con personas de calidad es una tarea enorme, pero disfruté del desafío.

Me gusta predicar con el ejemplo, así que creo que todos mis empleados te dirían que supieron abordar situaciones particulares porque me vieron haciéndolo y actuando como un ejemplo para todos ellos.

Es un equilibrio delicado, administrar todos los planes actuales de desarrollo de los empleados y, al mismo tiempo, atraer constantemente nuevos talentos, y me complace decir que bajo mi liderazgo, experimentamos una de las tasas de retención de empleados más altas en la historia de la empresa. Otro de mis puntos fuertes que va de la mano del liderazgo es la docencia, hay muy pocas cosas que disfruto más que enseñar. Hay algo muy inspirador en estar con alguien que está ansioso por aprender.

Cada año que he pasado en el mundo laboral, he ido acumulando una gran cantidad de conocimientos y experiencias que puedo compartir con mis empleados y aprendices todos los días. Es muy gratificante poder verlos tomar las semillas que han plantado y convertirse en profesionales notables que arrasarán con el mundo laboral."

- ¿Cuál es su mayor debilidad?

Muchas personas dan respuestas predeterminadas o molestas a esta pregunta.

Las personas tienen miedo de demostrar que tienen debilidades reales, por lo que lo más común es que digan algo que suena en teoría como que podría ser una debilidad, pero lo transforman en una fortaleza; si bien esta no es una estrategia completamente terrible, la mayoría de los entrevistadores la entenderán muy fácilmente. Peor aún, algunas personas son demasiado honestas con esta pregunta, dan debilidades personales que no deben divulgarse, entran en pánico y dicen algo que resultará alarmante.

Si bien quieres ser honesto/a, no quieres ser demasiado honesto/a. Decir: *"tengo un problema con la bebida"*, o *"soy adicto/a al sexo"*, no son el tipo de respuestas que están buscando aquí. Del mismo modo, si compartes algo relacionado al lugar de trabajo que resulta ser una parte importante de las actividades que realizarás, eso también será una señal de alerta. Si te estás entrevistando para un trabajo de ventas y dices que tu mayor debilidad es *"hablar con extraños"*, esto será una gran señal de alerta, una parte vital del trabajo para el que estás siendo entrevistado/a es también lo que llamas tu mayor debilidad. Quieres evitar eso.

La forma más común en que las personas responden a estas preguntas es diciendo algo que realmente no es una debilidad y luego convirtiéndolo en un alarde. Por ejemplo, podrían decir: *"Mi mayor debilidad es que trabajo demasiado. A menudo, me llevo el trabajo a casa y, por eso, intento encontrar un mejor equilibrio entre el trabajo y la vida. Me apasiona mucho lo que hago, así que las horas pasan volando y siempre hay más trabajo por hacer".* Si bien esta respuesta no es tan mala, la mayoría de los entrevistadores pensarán que simplemente estás evitando la pregunta.

A menudo, lo que quieren es que les cuentes una debilidad real, algo con lo que luchas pero que estás tratando de resolver. Si puedes demostrarles que eres lo suficientemente consciente de ti mismo/a para saber cuáles son tus luchas y cómo superarlas, no solo te respetarán más, sino que apreciarán tu honestidad y probablemente pensarán mejor en ti que si les das una respuesta jactanciosa y predeterminada, que además es común. Entonces, básicamente, deseas elegir algo que esté relacionado con el lugar de trabajo, pero no algo que sea un impedimento vital para realizar el trabajo en cuestión, y hablar sobre ello y cómo estás abordando el problema y cómo ya estás progresando con él.

He aquí un ejemplo, supongamos que te estás entrevistando para un puesto de ventas y la debilidad de la que decides hablar es que no eres un/a experto/a en tecnología:

"Una cosa con la que siempre tuve problemas fue dominar los diferentes programas de tecnología y software que la gente usa. Natural-

mente, no soy una persona muy experta en tecnología, de hecho, ni siquiera obtuve un teléfono inteligente hasta 2012.

Como vendedor/a, no tenía que saber cómo usar Publisher *o* Illustrator *o incluso más cosas básicas en* Excel, *pero realmente pensé que aprender algunas de esas cosas no solo me haría más completo/a, sino también un/a mejor vendedor/a. En mi trabajo anterior, ofrecían clases de* Excel *trimestrales, tomé un curso de 8 semanas en el que básicamente solo tienes 2 horas de clase a la semana, ¡y fue genial! Aprendí mucho. Ahora sé cómo hacer tablas dinámicas geniales y hojas de cálculo elegantes para mis clientes, me ayudó a organizarme más. Aunque probablemente nunca me inclinaré naturalmente hacia la última tecnología, realmente he tratado de desafiarme a mí mismo para aprender todo lo que pueda para poder usarla y ser aún mejor en lo que hago.*

- ¿Qué responsabilidades tuvo en su último trabajo?

Esta es tu gran oportunidad para presumir, pero no tan en serio. Aquí es cuando realmente puedes hablar de todas las cosas que hiciste en tu último trabajo, es tu oportunidad de venderte y no solo decirles cosas básicas que pueden ver en tu currículum. La belleza de esto es que nunca conocerán completamente el alcance o la magnitud de tus responsabilidades en tu antiguo trabajo, por lo que puedes hacer que suenen más impresionantes de lo que te parecieron en ese momento; todo está en la entrega. Puedes hacer que cualquier cosa suene impresionante con la actitud correcta y la entrega correcta, lo mismo ocurre con lo que escribes en tu currículum, pero tendrás que ser aún más creativo/a en persona porque probablemente indagarán lo que escribas y harán preguntas al respecto.

Por ejemplo, si trabajabas en ventas internas y sentías que eras solo un/a representante de servicio al cliente glorificado/a, tienes la oportunidad de darle la vuelta.

Quizás una parte más pequeña de tu trabajo consistía en realizar reuniones con clientes y realizar ventas en persona, puedes hacer que parezca que esa era una parte muy importante de tu trabajo, incluso si sientes que no era el enfoque principal. La verdad es que muy bien podría haber sido la parte más importante del trabajo a tus ojos y si es la experiencia más relevante para mencionar en la entrevista para el trabajo que estás buscando, entonces eso es en lo que debes concentrarte.

Supongamos que Terry trabaja en ventas internas para una empresa en la que es gerente de cuentas. Ella es responsable de mantener contentos a los clientes existentes, así como de generar nuevos negocios cada mes, trabaja con empresas de distintos tamaños y trata de venderles su empresa y sus soluciones. Aproximadamente una vez al mes viaja por su territorio para reunirse con clientes existentes o para presentar nuevos clientes, su empresa ayuda a las empresas sanitarias a gestionar sus costes y su cadena de suministro. Aquí hay algunas viñetas que podríamos proporcionarle a Terry para que su anterior trabajo suene más impresionante:

- Manejé todas las cuentas en un territorio de 5 estados donde superé los objetivos de ventas.
- Negocié contratos y acuerdos con ejecutivos de nivel C en varias organizaciones de salud.
- Forjé nuevas relaciones y mantuve las existentes a largo plazo con ejecutivos de mis cuentas dentro de mi territorio geográfico asignado de 5 estados.
- Superé los objetivos de ventas agresivos, así como los objetivos personales, ganando negocios B2B y de referencia.
- Optimicé la gestión de costos y la cadena de suministro para mis cuentas a través de esfuerzos de consultoría expertos.

Terry también podría entrar en detalles en términos de números. Podría hablar sobre el tamaño de las cuentas que maneja, podría hablar sobre las cifras de ventas mensuales o anuales, podría hablar sobre las grandes ganancias que ha tenido y podría hablar sobre cualquier tipo de premios o concursos que haya ganado…

Lo que debes recordar es que no importa cuán pequeñas o insignificantes te parezcan las cosas que hiciste en ese momento, puedes hacer que suenen muy impresionantes con la entrega correcta.

Si estuviste en un pequeño equipo de ventas interno y fuiste parte del concurso de ventas de fin de año en tu departamento y terminaste ganando, puedes hacer que eso suene como un logro impresionante. Mi consejo es que lo dejes vago para que no cambies la verdad, pero tampoco lo minimices o les hagas pensar que no es gran cosa. Podría decir algo como *"gané el concurso de ventas de 2015 para la mayoría de las cuentas nuevas"*, esto es algo que también podrías incluir en tu currículum. Si te piden que les cuentes más sobre esto, sé honesto/a y cuéntales los detalles, pero haz que parezca que fue muy emocionante y que te sentiste muy honrado/a, incluso si no fue así como te sentiste en ese momento.

- ¿Por qué quiere trabajar aquí?

Esto es diferente a la pregunta de "¿por qué quiere este trabajo?".

Cuando preguntan por qué deseas este trabajo, preguntan sobre el puesto específico: por qué te atrae y qué esperas lograr en él. Cuando te preguntan por qué quieres trabajar para ellos, te preguntan qué sabes sobre su empresa y qué te atrae de ellos. Aunque tu primer pensamiento podría ser *"¡el salario!"*, no comiences con eso, de hecho, yo ni siquiera mencionaría eso. Esta es tu oportunidad (nuevamente) de mostrar lo que sabes sobre la empresa, puedes equilibrar eso con lo que estás buscando de una empresa.

Un error que la gente comete aquí es hablar únicamente de lo que quieren obtener del trabajo, cuando deberían darle vueltas para que las primeras cosas que digan sean en realidad lo que la empresa puede obtener de ellos. Cada vez que vendas algo, siempre debes liderar con cómo esto beneficiará a la otra persona y luego hacer un seguimiento de cómo te beneficiará a ti, pero muchas personas cometen el error de liderar directamente con lo que ellos mismos pueden ganar con algo.

Recuerda, una entrevista de trabajo no es más que un argumento de venta, te estás lanzando a ti mismo/a.

Mucha gente respondería a esa pregunta de la siguiente manera: *"Quiero trabajar aquí porque el salario es bueno, los beneficios son buenos y me parece un buen ambiente de trabajo donde puedo hacer lo que amo y avanzar en mi carrera."* Si bien esta respuesta no tiene nada de malo, no será muy impresionante para el gerente de contratación; tu respuesta debe ordenarse de la siguiente manera:

1. Empieza con lo que puedes hacer por la empresa (y cuéntalo como si les estuvieras dando las razones por las que quieres trabajar ahí).
2. Luego habla sobre lo que sabes de la empresa y por qué eso la hace atractiva para ti.
3. Termina con cómo te ayudará en tus metas personales y qué beneficios puedes obtener (no hables de dinero).

Ejemplo:

"Quiero poder usar mis habilidades y experiencia para aportar valor real a la organización. Tengo mucho que dar y realmente quiero estar en una empresa que pueda hacer uso de mis habilidades y talentos, me apasiona ayudar a las empresas a crecer y me encanta estar en una posición en la que pueda servir y contribuir a la salud de la organización en general.

Además, ABC Companies me inspira muchísimo por el énfasis que ponen en la individualidad, parece un lugar donde realmente fomentan pensamientos e ideas diversas. Por lo que sé sobre la empresa, siempre brindan la oportunidad de ser parte del crecimiento de su equipo y animan a todos a desarrollarse profesionalmente a medida que la empresa se desarrolla. También me gusta mucho que uno de los valores fundamentales de la empresa sea la mentalidad abierta, porque respalda lo que acabo de decir sobre el apoyo a las ideas individuales y la diversidad. También estoy realmente inspirado/a por el CEO Jerry Jones y su increíble historia. Por último, creo que este es un gran lugar para avanzar en mi carrera, puedo decir que habrá desafíos reales que enfrentaré aquí que me ayudarán a crecer y desarrollarme como profesional. Me atrae mucho la cultura empresarial abierta y solidaria y siento que es un gran entorno para el crecimiento personal y profesional."

Este ejemplo es bastante genérico simplemente porque estamos tratando de demostrar un marco de cómo puede responder a esta pregunta. Querrás que tus respuestas sean un poco más específicas y concisas: piensa en cómo cambiarías esta respuesta para reflejar lo que es cierto sobre ti y la empresa con la que te estás entrevistando.

Con este tipo de respuesta, les estás mostrando que tienes en el corazón los mejores intereses, que conoces y respetas a la empresa, y que también ves un valor real en trabajar para ellos, lo que podría convertirte en un empleado o empleada feliz y entusiasmado/a (lo que los empleadores quieren).

- ¿Dónde se ve en 5 años?

La mayoría de la gente arruina esta pregunta. Si bien una respuesta deficiente probablemente no te sacará de la carrera, en realidad necesitas comprender la pregunta y responderla correctamente. Hay un motivo oculto detrás de esta pregunta, a menudo, el gerente de contratación intenta averiguar si planeas dejar la empresa después de unos años. Están buscando saber si quieres hacer una carrera con ellos o si simplemente los ves como un trampolín hacia un mejor trabajo en otro lugar.

Independientemente de cómo te sientas acerca de esta pregunta, siempre debes hacer que parezca que deseas una carrera en la empresa y que estás para quedarte.

Los empleadores no son ingenuos, saben que los empleados van y vienen en función de los cambios en la vida y el interés profesional, pero quieren a alguien con la actitud adecuada. Quieren a alguien que vea un valor real en la empresa y quiera permanecer el mayor tiempo posible y avanzar dentro de la empresa.

Es muy costoso y requiere mucho tiempo contratar y capacitar a una nueva persona, por lo que las empresas no quieren contratar a alguien que simplemente dejará el barco dentro de uno o dos años. El estudio de la *Society for Human Resource Management* encontró que, en promedio, a un empleador le cuesta de 6 a 9 meses del salario de un empleado contratar y capacitar a una nueva persona, esto podría significar que en su primer año, una empresa difícilmente obtendrá retorno sobre la inversión por contratarlo. A la luz de ese hecho, es más comprensible por qué las empresas son tan exigentes y cuidadosas cuando se trata de sus decisiones de contratación.

Puedes dar una respuesta genérica a esta pregunta para evitar comprometerte en exceso, o puedes hablar sobre su empresa específicamente y cómo esperas crecer ahí. Si te estás entrevistando para un trabajo de consultoría y esperas convertirte en socio/a o gerente eventualmente, puedes decir algo como:

"En 5 años, quiero ser un experto en consultoría en manejo industrial y sé que esta empresa es el entorno adecuado para que llegue allí. Quiero poder aprender de los mejores y retribuir utilizando mis habilidades para ayudar a otros a aprender y, finalmente, ayudar a liderar la empresa. Estoy buscando una carrera y un medio de vida, no solo un trabajo."

- ¿Por qué quiere dejar su empresa actual?

Ten cuidado con esta pregunta. Esta no es una oportunidad para que hables mal de tu antigua empresa o hables mal de tu jefe o digas que no te trataron de forma justa. Casi siempre es una mala señal cuando un empleado comienza a hablar mal de su empleador anterior o actual. Cuando un empleador hace esta pregunta, normalmente busca señales de alerta, quieren saber si estás en buenos términos con tu empleador anterior o actual. Puedes dar una simple respuesta genérica a esta pregunta para evitar tener que entrar en detalles, decir algo como:

"Mi tiempo en la empresa 'X' estuvo bien invertido y aprendí mucho ahí. Creo que realmente pude aportar mucho valor, sin embargo, en este momento están comenzando a moverse en una dirección diferente, lejos de donde están mis intereses y parecía que realmente no quedaban muchas oportunidades con ellos. Fue entonces cuando vi esta oportunidad y se veía tan perfecta, que tuve que ir tras ella."

- ¿Cómo se preparó para la entrevista de hoy?

Esta será una respuesta honesta y una síntesis de mucho de lo que ya hemos cubierto en este libro. En realidad, esta es una pregunta muy común, así que quieres estar preparado/a con una buena respuesta.

. . .

Puedes mencionar que leíste este libro si lo deseas, pero al menos habla sobre lo que hiciste para estudiar la empresa: es posible que hayas leído comunicados de prensa, estudiado la presencia de la empresa en las redes sociales (especialmente *Twitter* y *LinkedIn*), es posible que hayas estudiado detenidamente el sitio web de la empresa y examinado los titulares de noticias que mencionarán.

Habla sobre cualquier tipo de investigación que hayas realizado sobre la empresa, esto puede incluir una investigación del grado de satisfacción de los empleados. Sin embargo, vale la pena señalar que si no encontraste muchos comentarios positivos sobre la empresa, sería mejor no mencionar en absoluto el artículo de satisfacción de los empleados. De hecho, si todo lo que puedes encontrar en línea son comentarios de empleados descontentos, deberías verlo como una señal de alerta. Los sitios web como *Glassdoor.com* hacen un gran trabajo al proporcionar información sobre la empresa impulsada por los empleados. Este sitio web funciona particularmente bien para las grandes empresas porque tienen más datos con los que trabajar. *Glassdoor* puede brindarte información sobre:

- Satisfacción de los empleados para con la empresa: la empresa tendrá una calificación general que se basa en las reseñas y calificaciones de los empleados.

- Calificación de aprobación del CEO: puedes ver qué tanto aprueba la gente al CEO y puedes leer los comentarios sobre el liderazgo de la empresa.

- Salario y beneficios: puedes obtener información sobre lo que ganan las personas en diferentes puestos en la empresa como salario promedio. A menudo también puedes leer comentarios sobre la calidad de los beneficios ofrecidos, tiempo libre remunerado, etc.

- Consejos y preguntas para las entrevistas: las personas a menudo publicarán preguntas que se les hicieron en las entrevistas. Esto puede ser útil para revisar lo que la gente ha dicho y asegurarte de estar preparado/a para cualquier bola curva que puedan lanzar en su camino.

Nota: solo discute cosas positivas que leas en *Glassdoor*. Por ejemplo: *"Me impresionó mucho ver su calificación de 4 estrellas en* Glassdoor. *Vi muchos comentarios positivos de los empleados y el que estuvieran lo suficientemente motivados para dejar una reseña positiva me habla muy bien de la empresa y de la forma en que tratan a sus empleados"*. O podrías decir algo como: *"Creo que es realmente asombroso que su CEO tenga un índice de aprobación tan alto. Es importante en empresas de este tamaño que la gente siente que está siendo dirigida por una figura fuerte que se preocupa por los intereses de sus empleados"*.

. . .

Nota: no menciones la información salarial que hayas visto en *Glassdoor* en la entrevista. Puedes usarlo para negociar tu salario más adelante, y también como base para tus expectativas salariales, pero mantenlo en general. En tus negociaciones posteriores, cuando la empresa te haga una oferta, puedes simplemente decir: "*Sé que el salario típico para este puesto es 'x'*".

Responder a esta pregunta no debería ser difícil, ya que estás siguiendo los consejos de este libro y haciendo la mayor preparación e investigación de antemano.

Deberás hacer referencia a varias fuentes presentadas aquí:

- Sitio web de la empresa
- Medios de noticias
- Informes financieros (si corresponde)
- *Glassdoor*
- Redes sociales

Asegúrate de haber realizado también algunas investigaciones sobre la industria.

. . .

Como se mencionó anteriormente, debes tratar de tener al menos un conocimiento básico de dónde está posicionada la empresa en la industria, cuál es su ventaja competitiva y quiénes son los otros actores principales. El uso de sitios web como *Hoovers* y *ThomasNet,* así como toda la información pública gratuita que ofrecen páginas gubernamentales son un excelente lugar para encontrar información sobre la industria.

- ¿Por qué quiere este trabajo?

Como se mencionó anteriormente, es una pregunta diferente a *"¿por qué quieres trabajar para nosotros?"*, aquí es donde puedes hablar sobre tus habilidades, conocimiento de la industria y cómo este trabajo está "hecho a la medida" para ti. Realmente puedes recalcar el valor que aportas y cómo esto sería un avance perfecto en tu carrera profesional.

A pesar de que te preguntan sobre el trabajo específicamente y no sobre la empresa, debes comenzar expresando lo emocionado/a y entusiasta que estás acerca de la empresa y la oportunidad, debes buscar cualquier oportunidad que tengas para compartir lo que sabes sobre la empresa, el trabajo o la industria.

· · ·

Dado que probablemente no se te harán todas las preguntas enumeradas aquí, querrás aprovechar todas las oportunidades en las que puedas "mostrar" lo que sabes y cómo tus habilidades se alinean con lo que están buscando. No quieres exagerar en todas las preguntas porque eso le mostrará al entrevistador que no sabes cómo callarte o no sabes cómo ser conciso/a.

Si ya has hablado bastante, puedes mantener esta respuesta breve y sencilla:

Comienza hablando sobre la empresa y cómo el hecho de que el puesto sea en su empresa es la razón principal por la que deseas este trabajo (esto les mostrará que no solo deseas cualquier trabajo en la industria sino que estás involucrado/a y sinceramente interesado/a en su empresa y su enfoque único).

A continuación, menciona brevemente las razones por las que eres perfectamente adecuado/a para este trabajo, no te excedas aquí porque tendrás muchas otras oportunidades para hablar sobre tus habilidades y calificaciones, puedes decirlo de forma tan simple como:

. . .

"Además, cuando leí los requisitos del puesto e investigué un poco más sobre su empresa y el puesto, parecía que esta posición sería absolutamente perfecta para mi conjunto de habilidades, experiencia e intereses. Realmente me pareció el trabajo perfecto".

Por último, vincúlalo a tus objetivos profesionales y tu deseo de crecimiento profesional y personal. Haz que parezca que este es un paso permanente para ti (incluso si no lo es), no quieres que tengan la impresión de que estás usando este trabajo como un trampolín para llegar a un lugar mejor (incluso si lo estás).

En general, solo asegúrate de que tu respuesta muestre que estás entusiasmado/a con la empresa específicamente, que encajas perfectamente con el trabajo y que el trabajo tiene sentido para ti profesionalmente.

- Hábleme de usted

Esta es una de las preguntas más difíciles a las que se enfrentan las personas en las entrevistas, nadie sabe nunca cómo responder a esta pregunta y muy pocas personas la responden bien. A menudo, esta es la primera pregunta de una entrevista y no solo establece el tono para el resto de la entrevista, sino que también puede hacer que el entrevistador te vea como un candidato fuerte o débil dependiendo de tu respuesta.

. . .

Antes de hablar sobre cómo debes responder esta pregunta, hablaremos sobre lo que hace la mayoría de las personas y por qué no debes hacerlo: la mayoría de las personas responden a esta pregunta de dos formas o una combinación de ambas.

1. Puede que respondan a la pregunta lanzándose a una larga historia de vida (hablan de asuntos personales como su familia, pasatiempos, etc.) y guían al entrevistador a través de toda su vida hasta la fecha.

2. O, básicamente, solo recapitulan su currículum. Simplemente recitan lo que está en su currículum sin realmente responder la pregunta.

El problema con estas respuestas es que te hacen parecer un/a candidato/a débil. El entrevistador busca una respuesta concisa y específica a su pregunta que se base solo en lo que es relevante para la entrevista. Está bien compartir datos personales esparcidos a lo largo de la entrevista, puedes mencionar algo sobre tu familia o tus pasatiempos, pero no comiences con esto como tu primera respuesta. Es aquí donde vas a causar tu primera impresión, por lo que esta es tu mejor y más grande oportunidad de dar tu un discurso impresionante de 30 segundos.

. . .

Kathryn Minshew, directora ejecutiva y fundadora de *The Muse*, habla sobre la estrategia **"presente, pasado y futuro"** para responder a esta pregunta.

Comienza con lo que estás haciendo actualmente (por ejemplo, lo que estás haciendo en el trabajo actual que estás dejando), luego habla sobre lo que hiciste antes de eso y termina con lo que esperas hacer (lo que tienes la esperanza de lograr con la empresa con la que te estás entrevistando).

Este puede ser un gran enfoque para responder la pregunta de "hábleme de usted", porque vas directo al grano. Estás eligiendo responder con tus habilidades y experiencia más convincentes que le dirán al entrevistador por qué debería contratarte. Aquí tienes un ejemplo:

Supongamos que tienes experiencia en ventas y te estás entrevistando para un trabajo de administración:

"Actualmente soy un gerente de cuentas de alto rendimiento para la empresa ABC, donde administro todos los negocios nuevos y recu-

rrentes en un territorio geográfico de 5 estados. Antes de eso, trabajé para un grupo de salud perteneciente a Fortune 20 *donde administraba cuentas clave y tenía la tarea de mantener contentas a nuestras cuentas de mayor rendimiento, así como liderar y capacitar a todos los gerentes de territorio.*

El conocimiento de la industria y la experiencia gerencial que obtuve en esos roles me hicieron darme cuenta de lo emocionado que estoy de compartir ese conocimiento y experiencia con otros y administrar un equipo de personas en lugar de cuentas. Eso es lo que me trae ante ustedes hoy."

Si el método "presente, pasado, futuro" no funciona para ti, puedes seguir un formato más general. Habla primero muy específicamente sobre tus habilidades y experiencia relevantes, luego habla sobre tus fortalezas y talentos más relevantes. Cada parte debe durar solo unos segundos, tu respuesta total debería tomar menos de 1 minuto. Otro ejemplo:

"Como Gerente de Territorio de alto desempeño para la compañía ABC con 7 años de experiencia en la industria en mi haber, sé lo que se necesita para impulsar el desempeño en esta industria. Se me ha encomendado la tarea de asumir nuevos territorios, revivir territorios en declive, así como hacer crecer y expandir territorios existentes.

• • •

He demostrado una y otra vez que sé cómo superar los objetivos de ventas agresivos y, como gerente sénior de territorio, era nuestro líder departamental en ventas y tenía la tarea de capacitar en el terreno a todos los nuevos gerentes de territorio, lo que me convirtió en un/a gran vendedor/a es lo que me convertirá en un/a mejor gerente. Sé cómo motivar a las personas, liderarles, entusiasmar a otros y puedo superar cualquier desafío. La gestión de una base de clientes diversa me ayudó a desarrollar un estilo de gestión matizado que se adapta a la persona o cliente potencial, luego les ayudo a lograr sus objetivos y superar sus obstáculos específicos.

Tan apasionado/a como soy por las ventas, me apasiona aún más administrar un equipo de ventas, por eso estoy tan emocionado/a con esta oportunidad en la empresa XYZ".

Esta pregunta va directo al corazón de lo que están buscando. Si estás solicitando ser gerente de ventas, ellos quieren saber si tienes experiencia en ventas, cómo tu experiencia es relevante para la administración y si tus habilidades y fortalezas son relevantes para la administración de ventas. Por supuesto, tendrás otras formas de experiencia y muchas otras habilidades y fortalezas de las que podrías hablar, pero solo deseas hablar sobre lo que crees que será más importante para ellos en un posible candidato.

- ¿Cómo supo de este puesto?

Esta es una pregunta simple y una respuesta simple está bien, sin embargo, muchas personas todavía se las arreglan para estropear esta pregunta. Las personas suelen utilizar esta pregunta como una forma de divagar de nuevo sobre cosas de las que ya han hablado o sobre las que tendrán la oportunidad de hablar más adelante. Además, las personas a veces olvidan dónde se enteraron de un trabajo porque han estado solicitando muchos trabajos.

Si no puedes recordar dónde te enteraste del trabajo, no es necesariamente un gran problema, pero eso puede mostrarle al entrevistador que has estado solicitando muchos trabajos y puedes hacer tus afirmaciones de que "este es el perfecto y único trabajo para mí" menos creíble. Si no tienes nada importante o notable que decir a esta pregunta, simplemente responde de manera simple y asegúrate de recordar de antemano dónde te enteraste del trabajo.

Si te enteraste de ello por un amigo, colega o empleado actual de la empresa o empleador, esta es una gran oportunidad para que lo menciones. Puede decir algo breve:

"Mi amiga Sara me habló de esta oportunidad. Ella es la Supervisora de Facturación aquí y no ha tenido más que cosas maravillosas que decir sobre esta empresa. Supongo que esa debe ser la razón por la que ha estado aquí durante 10 años".

. . .

Eso es todo lo que tienes que decir. Estás (de manera sutil) dando un nombre y haciéndole un cumplido a la empresa, sin exagerar.

Preguntas logísticas

- ¿Está dispuesto/dispuesta a mudarse?

La honestidad es la mejor política aquí. Una simple respuesta de sí o no suele ser la respuesta correcta, pero si no estás seguro/a, siempre puedes decir "sí" y luego planear negociar si te hacen una oferta.

Sin embargo, si dices que sí, te hacen una oferta y decides que no estás dispuesto o dispuesta a mudarte, no solo existe la posibilidad de que retiren su oferta, sino que puedes hacerlos enojar o generarles descontento por engañarlos en la entrevista.

- ¿Está dispuesto/dispuesta a viajar?

Siempre que estés dispuesto o dispuesta a viajar al menos un poco, debes responder "sí" a esta pregunta.

. . .

El discernimiento y la evaluación del nivel de viaje reque-
rido pueden llegar más adelante en el proceso si quieres
seguir adelante. Alternativamente, si te gusta viajar o si
estás buscando un trabajo en el que viajar, puedes
convertir esto en una oportunidad para expresar tu deseo
de viajar como una fortaleza. Puedes decir algo como:

*"Soy el tipo de persona que se desempeña mejor cuando estoy frente al
cliente cara a cara, así que estoy más que dispuesto/dispuesta a
viajar. Cualquier forma en que pueda interactuar directamente con
mis clientes para impulsar las ventas y mejorar nuestras relaciones, es
una ganancia para mí".*

- ¿Trabajaría en vacaciones y fines de semana?

Esta es una pregunta que deberás evaluar tú
mismo/a. Si este es el tipo de trabajo en el que se te
puede exigir que vayas en días festivos y fines de
semana, tendrás que considerar si deseas el trabajo con
todas tus fuerzas. En términos generales, la única
respuesta aceptable a esta pregunta es sí... siempre
puedes negociar más adelante en el proceso. A menudo,
esta pregunta es simplemente para medir tu nivel de
dedicación, en realidad, es posible que nunca tengas que
trabajar durante las vacaciones y los fines de semana;
solo quieren asegurarse de que te dediques a tu trabajo y

estés disponible para hacer un esfuerzo adicional cuando sea necesario.

- ¿Cuál es su disponibilidad?

Si se trata de un trabajo de tiempo completo en el que trabajarías en horario laboral normal, esta pregunta puede ser irrelevante. Sin embargo, si se trata de un trabajo a tiempo parcial, un trabajo por horas o no tradicional, querrás asegurarte de que tu disponibilidad se alinee con tus necesidades comerciales.

Si no estás seguro/a de la respuesta que buscan, simplemente di: *"Mi disponibilidad es flexible y puedo estar disponible para lo que sea necesario"*. Si tienes otras responsabilidades, otros trabajos o disponibilidad restringida, déjalo en claro; no quieres engañar al entrevistador haciéndole creer que puedes trabajar ciertas horas si no puedes hacerlo.

- ¿Cuándo puede empezar?

Normalmente, esta no es una oferta de trabajo.

Cuando preguntan cuándo puedes comenzar, están tratando de entender cuándo podrían traerte a bordo si decidieran contratarte. También hay señales de alerta que el entrevistador busca aquí: si actualmente estás empleado y les dices que puedes comenzar de inmediato, es posible que el entrevistador no esté impresionado con la forma en que dejarías a tu empleador actual. Si corresponde, debes expresar que vas a cumplir con tu deber para con tu empleador actual.

Por ejemplo, podrías decir que tendrías que entregar tu aviso de dos semanas y podrías comenzar en cualquier momento después de eso, esto le demuestra al entrevistador que eres un/a empleado/a competente y respetuoso/a. La forma en que tratas a tu empleador actual dice mucho sobre cómo tratarás a tus empleadores potenciales y futuros, así que siempre ten esto en cuenta al responder estas preguntas.

Preguntas situacionales:

NOTA: Las preguntas situacionales suelen ser las preguntas a las que más temen las personas en las entrevistas de trabajo. Es difícil pensar en ejemplos cuando estamos bajo presión, y las personas a menudo se ponen nerviosas o ansiosas. Por eso es mejor hacer una lluvia de ideas y pensar en respuestas con anticipación para que estés más preparado/a y no tengas que inventar una historia en el acto.

- Hábleme de un momento en el que cometió un error profesional

Querrás responder esta pregunta con un error real que cometiste, pero luego explicar cómo solucionaste el problema. No debes elegir un gran error, sino algo que sucedió y que lograste resolver. Están buscando más cómo resolviste este problema que cuál era el problema. También están buscando señales de alerta: si te tomas la pregunta demasiado en serio y les cuentas sobre algún problema inexcusable que causaste, o si haces que parezca que tienes un historial de errores, no quedarán impresionados.

Mantenlo simple y habla sobre cómo resolviste el error.

Por ejemplo:

"Confundí mis fechas y accidentalmente reservé dos veces reuniones con clientes el mismo día en dos estados diferentes. No me di cuenta de mi error hasta que fue demasiado tarde para reprogramar, pero afortunadamente, había construido tanta simpatía y tenía tan buena relación con uno de esos clientes, que fue muy comprensivo y aceptó

reprogramar en el último minuto. Desde entonces, he mantenido todas mis citas cuidadosamente organizadas en mi calendario para asegurarme de que nunca vuelva a suceder."

- Hábleme de un momento en el que haya enfrentado un conflicto en el lugar de trabajo

Al igual que la última pregunta, buscan saber cómo resolviste o manejaste el conflicto. Quieren asegurarse de que no serás una persona que cause conflictos innecesarios o alguien que no pueda manejar los conflictos.

El conflicto es inevitable en la mayoría de los entornos laborales.

Si tu función va a ser de cara al cliente, puedes hablar sobre un momento en el que enfrentaste un conflicto con un cliente. Si tu función es interna, podrías hablar sobre una situación en la que tuviste un conflicto con tus compañeros de trabajo. Aquí hay un ejemplo:

"En mi puesto en la empresa ABC, teníamos un cliente que estaba constantemente insatisfecho con cada proyecto. Cada vez que presentábamos un proyecto completo, el cliente siempre se quejaba y exigía una revisión.

. . .

Fue difícil porque sus quejas siempre eran impredecibles y sentía que simplemente estaban decididos a encontrar fallas en cada elemento del proyecto. Comencé a tener llamadas telefónicas semanales con el cliente para discutir los proyectos en curso, también comenzamos a organizar seminarios web de mitad de periodo para mostrarles nuestro progreso hasta la fecha. Esto hizo que el cliente se sintiera mucho más involucrado en el proceso y pudieron dirigir mejor el proyecto y, como resultado, quedaban satisfechos conforme los proyectos avanzaban. Fue una gran experiencia de aprendizaje para nuestra empresa y una práctica que comenzamos a ofrecer para cualquier cliente que lo quisiera, lo que realmente ha ayudado a incrementar nuestro valor en el mercado."

- Hábleme de un momento en el que le pidieron que hiciera algo que no formaba parte de la descripción de su trabajo

Quieres expresar que eres bueno/a trabajando en equipo y que tienes disponibilidad para soportar algunos golpes aquí. Si te muestras inflexible o no estás dispuesto/dispuesta a hacer algo que no esté expresamente establecido en la descripción de tu trabajo, eso será un problema para tu entrevistador. Aquí hay un ejemplo de una buena respuesta:

"Hicimos que un administrador de territorio dejara la empresa y, por lo tanto, su territorio estuvo vacante durante unos meses mientras

buscaban a la persona adecuada para hacerse cargo del territorio. Mi jefe me pidió que ayudara a mantenerlo, además de mis responsabilidades existentes. Estaba feliz de hacerlo y conocí bastante bien el nuevo territorio. Cuando contrataron a alguien, mi jefe me pidió que capacitara al nuevo empleado ya que yo tenía conocimiento del territorio. Estaba muy feliz de poder contribuir y siempre disfruto ayudando a otras personas."

- Hábleme de una vez que ejerció liderazgo

Independientemente del tipo de puesto que ocupaste en el pasado, seguramente hubo algún momento en el que ejerciste alguna forma de liderazgo, podría ser algo muy básico o algo muy significativo. Querrás mostrar una situación en la que diste un paso al frente o en la que guiaste a tus compañeros de trabajo.

Si hubieses tenido un puesto en el que hubiera personas que respondieran a ti, esto sería muy fácil. De lo contrario, solo elige un momento en el que te hiciste cargo de algo o te destacaste de alguna manera.

Ejemplo:

· · ·

"Mi jefe estuvo fuera por unos días y recibimos un pedido masivo de un nuevo cliente sin información sobre cómo procesar el pedido.

Normalmente, nuestro supervisor manejaba las relaciones con los nuevos clientes y los pedidos de ese tamaño, pero les pedí a mis compañeros de trabajo que colaboraran y todos trabajamos duro para realizar el pedido de inmediato. Nuestra respuesta oportuna impresionó al nuevo cliente y ayudó a solidificar nuestra relación con ellos."

- Cuénteme acerca de la última vez que un cliente o compañero de trabajo se enojó con usted

Similar a alguna pregunta referente a cómo manejas a un cliente o empleado difícil; el entrevistador busca saber cómo manejas ese tipo de presión y conflicto interpersonal.

No cometas el error de actuar como si tales cosas nunca te sucedieran, algunas personas piensan que les hará verse mejor si actúan como si se llevaran bien con todos y nunca hubieran tenido un conflicto en el lugar de trabajo. Esta no es la respuesta que buscan y el 90% de las veces no la creerán de todos modos. Da un ejemplo de una situación en la que un cliente o compañero de trabajo se enojó contigo y cómo aliviaste su enojo, resolviste el problema y seguiste adelante con más fuerza que nunca.

- ¿Cómo maneja la presión y los plazos de entrega en el lugar de trabajo?

Por lo general, la mejor respuesta a esta pregunta es hacer que parezca que prosperas gracias a la presión y los plazos fijos. Esto dependerá del trabajo en cuestión y, como siempre, debes intentar ser lo más honesto/a posible. Puedes responder indirectamente a la pregunta diciendo que tienes experiencia con la presión en el lugar de trabajo y que siempre cumples con los plazos establecidos. Por ejemplo, podrías decir:

"En mi puesto en la empresa ABC, enfrenté muchos plazos ajustados y mucha presión de la alta dirección como jefe del departamento de ventas. A menudo nos daban plazos muy ajustados con muy poco aviso, así que me acostumbré a trabajar de esa manera y a tomarlo todo con calma. Soy más que capaz de manejar situaciones de alta presión y plazos inmediatos."

· · ·

O si deseas causar una impresión aún más fuerte, podrías decir algo como:

"Me siento bien en entornos de alta presión con mucho en juego.

Cuando era gerente de territorio para la compañía 'X', en realidad comencé en un puesto que tenía una comisión del 100%. Eso es mucha presión porque si no tenía ventas, no tenía nada. Sin embargo, me convertí en uno de los mejores vendedores y gané más dinero que muchos de mis colegas que tenían salarios fijos. Prospero gracias a la presión y siempre cumplo con los plazos establecidos, normalmente mucho antes de lo previsto".

Preguntas no convencionales sobre la cultura de la empresa y acertijos

En estos días, a medida que las empresas y los lugares de trabajo se están volviendo cada vez menos convencionales, los empleadores utilizan con más frecuencia preguntas extrañas en las entrevistas, o plantean algún tipo de reto o acertijo como parte de la misma. Este tipo de preguntas a menudo confunden a la gente, por lo general, no están preparados para ellas y no saben cómo responder. Terminan tartamudeando, perdiendo el hilo de pensamiento o poniéndose nerviosos y diciendo algo incómodo o inapropiado.

. . .

Si bien las motivaciones para hacer estas preguntas pueden variar, a menudo el empleador busca ver cómo respondes a la presión y cómo manejas las bolas curvas. En este nuevo trabajo, es posible que te encuentres con situaciones o clientes fuera de lo común, y el empleador quiere ver si puedes tomarlo con calma y pensar lógicamente en el momento o si simplemente te rindes cuando te enfrentas a algo inesperado.

Dicho esto, no te presiones demasiado aquí porque la pregunta *"si pudieras ser cualquier animal, ¿qué animal serías?"* probablemente no será la pregunta más importante que respondas en la entrevista.

Hay algunas cosas que puedes planear hacer para causar una buena impresión aquí. Si bien no necesariamente podrás planificar una respuesta a estas preguntas porque generalmente son aleatorias y sorprendentes, al menos puedes controlar tu comportamiento y la forma en que respondes la pregunta.

Una buena forma de ganar tiempo cuando alguien te hace una pregunta inesperada es sonreír (o reír si es apropiado) y decir algo como *"¡guau! Esa es una gran pregunta"*. Y luego puedes decir algo como *"déjame pensar en eso, nunca me habían preguntado eso antes"*, esta es una respuesta genuina y honesta. Si simplemente disparas rápidamente una respuesta, harás que el entrevistador piense que todo lo que dices está planificado o, de lo contrario, que no has pensado en tu respuesta.

Si no puedes pensar en una buena respuesta a la pregunta relacionada con el trabajo, elige una respuesta que sea divertida o que, al menos, no se considere negativa. Por ejemplo, si te preguntan qué tipo de animal eres, no respondas: *"Un perezoso porque soy vago y simplemente me gusta no hacer nada en todo el día"*. Esa sería una de las peores respuestas posibles.

Si te estás entrevistando para un trabajo de ventas, podrías decir: *"Un león, porque siempre estoy en busca de grandes ofertas y nuevos negocios"*, esta respuesta suena un poco falsa (como si les estuvieras diciendo lo que quieren escuchar), pero no es una mala respuesta.

Si puedes pensar en una respuesta única y genuina en el acto, ese sería el mejor enfoque. Por ejemplo: *"Creo que soy un galgo. Soy el tipo de persona que puede desgastar a la gente con perseverancia. Cuando decido hacer algo o perseguir algo, lo veo hasta el final. Aunque el guepardo puede ser más rápido que yo al principio, siempre lo supero al final porque sigo el ritmo, persevero y mantengo mi mente en la meta"*. Después de responder, puede ser una buena táctica seguir con una pregunta como: *"¿Respondió eso a la pregunta?"*, o podrías decir algo como *"qué pregunta más interesante, ¿qué han dicho otras personas?"*, o si te sientes valiente *"¿cómo respondería usted esa pregunta?"*.

. . .

Para algunos trabajos técnicos, especialmente en campos relacionados con la ingeniería y las matemáticas, es posible que se te pida que resuelvas un reto o un acertijo.

El objetivo aquí no es necesariamente obtener la respuesta correcta (aunque eso sería genial), sino mostrarle al entrevistador que comprendes lo que se te pide y que puedes responder la pregunta de una manera lógica sistemática. Deberás intentar dar una respuesta razonable y defendible, querrás poder mostrarles cómo llegaste a esa respuesta y qué sistema y pasos seguiste para obtenerla.

En este tipo de profesiones, la precisión y los sistemas son clave. No solo quieres adivinar, quieres demostrar que puedes tomar medidas para dar una respuesta razonable a la pregunta. Una forma de demostrar un método es haciendo preguntas. Por ejemplo, es posible que se te pregunte algo como *"¿cuántas pelotas de tenis caben en un 747?"*, a lo que puedes hacer un seguimiento con preguntas como *"¿puedo llenar los compartimentos superiores?"*. Aunque esta puede no ser una pregunta alucinante, demuestra que puedes pensar críticamente y hacer las preguntas correctas, estas son cualidades que los posibles empleadores buscan en los candidatos.

. . .

Las preguntas difíciles

- ¿Por qué le despidieron?

A diferencia de muchas otras preguntas en las que realmente deseas profundizar y poner tanto en tu respuesta como sea posible, deseas mantener esta respuesta corta, puntual y tratar de cambiar a otro tema lo antes posible sin ser evasivo/a. Si el despido ocurrió hace varios años y has tenido otro trabajo desde entonces, será bastante fácil de responder, puedes decir algo como:

"En ese momento hubo una falta de comunicación entre mi jefe y yo. No entendía completamente lo que me pedían y él no entendía completamente cómo comunicarse. Era una empresa nueva y, por tanto, era un territorio nuevo para muchos de nosotros. La oportunidad me brindó muchas experiencias de aprendizaje y lecciones para el crecimiento y, como pueden ver, tuve bastante éxito con la empresa ABC".

Si este despido ocurrió recientemente, puedes restarle importancia diciendo algo como: *"en retrospectiva, estoy un poco contento de que haya sucedido porque realmente me empujó a buscar otras oportunidades en áreas en las que realmente sobresalgo y* siento *pasión e interés"*, o puedes mantenerlo vago y genérico: *"desafortunadamente, las cosas simplemente no estaban funcionando, pero aún estoy agradecido por la experiencia y aprendí mucho de ella".*

Hay muchas formas en que puedes responder, pero deseas evitar decir algo que te saque de la carrera por el trabajo. Por un lado, no quieres eludir por completo la pregunta, pero tampoco quieres ser demasiado directo/a si hubo un problema grave que provocó que te despidieran de tu último trabajo.

Ten en cuenta que si mientes en la entrevista, es casi seguro que no te ofrecerán el trabajo; peor aún, si mientes en la entrevista, te contratan y luego descubren que mentiste en tu entrevista, eso es motivo de despido inmediato. Pueden consultar fácilmente con tu empleador anterior y obtener su versión de los hechos, así que ten cuidado de no decir nada que pueda malinterpretarse como deshonesto o agresivo. Sé humilde y haz que parezca que fue una experiencia de aprendizaje para ti y que no te preocupa seguir adelante porque fue un problema de una sola vez.

También es posible que no haya sido culpa tuya. Puede haber muchas razones por las que alguien sería despedido y no necesitas preocuparte demasiado por tener esto en tu registro de empleo siempre que puedas explicar que el despido no se basó en tu desempeño o valor para la empresa.

Con mucha frecuencia, las empresas implementan despidos cuando no les va bien financieramente. Si fuiste una de las varias personas despedidas, simplemente puedes decir:

"Desafortunadamente, la empresa estaba atravesando una crisis financiera, perdimos varios de nuestros clientes más importantes debido a la nueva regulación gubernamental. Como resultado, tuvieron que despedir al 10% de su fuerza laboral y yo fui incluido/a en esa parte".

Podría haber otras razones por las que podrías ser despedido/a. Por ejemplo, nuevos vicepresidentes y liderazgo ejecutivo: ellos entran y nombran nuevos directores y gerentes de nivel superior, esto es bastante común.

O bien, la empresa está experimentando un cambio organizacional y se están deshaciendo de ciertos departamentos, o cambiando de dirección y despidiendo a algunas personas y trayendo a otras.

. . .

Cualquiera que sea la razón, solo necesitas explicarla de manera que parezca que el despido se debió a circunstancias fuera de tu control. Deja en claro que esta situación no refleja tu valor en la empresa y que se debió a iniciativas más amplias de toda la empresa o nuevas dinámicas de la industria.

- ¿Por qué pasó un periodo desempleado/a?

Esto no es necesariamente algo que juegue significativamente en tu contra, especialmente si puedes dar una buena respuesta. Querrán saber qué te motivó a dejar la fuerza laboral, qué hiciste mientras no estabas trabajando y qué te hizo regresar. Si estuviste fuera por varios años, o si hay múltiples brechas significativas, tendrás más explicaciones que dar.

También querrás dejar en claro que estás de nuevo en la fuerza laboral para quedarte (incluso si no estás seguro/a de eso), quieres aliviar la preocupación de que dejarás la empresa y entrarás en otra brecha laboral en un futuro próximo.

Si puedes hablar sobre algún valor personal o profesional que ganaste durante tu brecha laboral, especialmente si es aplicable al trabajo en cuestión, será una forma de convertirlo en una fortaleza, no en una debilidad. Por ejemplo:

"Me tomé un tiempo libre para dedicar toda mi atención a obtener mi maestría en administración de empresas. Sé que podría haber seguido trabajando durante ese tiempo, pero creo que es mejor hacer una cosa bien en lugar de hacer varias cosas de manera mediocre. Así, pude poner toda mi atención a esto y graduarme como el mejor de mi clase."

Si tomaste una brecha por razones personales o familiares, está bien dar una explicación muy breve y honesta, y dejar en claro que fue una situación única en el pasado y no crees que sea un problema en el futuro.

Por ejemplo:

"Me tomé un año libre para cuidar a mi tía a la que le diagnosticaron una enfermedad debilitante. Ahora ha podido recibir atención en el hogar, lo que ha hecho que todo sea mucho más manejable para ella y me ha permitido volver al trabajo."

- ¿Con qué otras empresas se está entrevistando?

No quieres responder a esta pregunta diciendo: *"es la única empresa con la que me estoy entrevistando"*. Eso les da todo el poder de negociación y tú quieres evitarlo, quieres que parezca que tienes otras opciones, pero esta es la más atractiva para ti. Puedes decir algo tan simple como: *"Tengo una serie de oportunidades que estoy persiguiendo en la industria, pero esta es la que más me entusiasma"*, o puedes ser mucho más específico/a si así lo deseas, puedes decir:

"Me estoy entrevistando con la compañía ABC y la compañía DEF para puestos de gestión de categoría senior, pero debo decirles que, según lo que he aprendido sobre este puesto y su empresa, creo que este es el empleo perfecto para mí."

- ¿Cuál es su mayor logro profesional?

Pam Skillings de *"Big Interview"* recomienda tomar el enfoque *STAR*, que es un enfoque común para discutir un problema o situación. *STAR* es un acrónimo (por sus siglas en inglés) del proceso: Situación, Tarea, Enfoque, Respuesta. Esto es básicamente tomar lo que podría ser uno de tus mayores logros profesionales y explicarlo de la siguiente manera: comienza con la situación preliminar, diles en qué estado se encontraban antes de comenzar la iniciativa, cuál fue la tarea en cuestión, cómo abordaste la situación y cuál fue la respuesta a tu enfoque/solución.

No todo el mundo puede decir que se le ocurrió una estrategia revolucionaria que le ahorró a la empresa millones de dólares o que, por ejemplo, consiguieron un cliente enorme que nadie más pudo conquistar. A veces, es posible que sientas que aún no tienes muchos logros importantes que mostrar; lo importante es tener algunos ejemplos, incluso si te parecen insignificantes se trata de cómo los presentas.

Este no es un momento para ser humilde, no es un momento para restar importancia a tu experiencia; es el momento de presumir. Haz que suene tan significativo e importante como puedas.

Supongamos que no tienes nada tan importante para compartir. Tal vez fuiste un representante de servicio al cliente en tu trabajo anterior y no tuviste tantas oportunidades para logros gigantes. Aquí hay un ejemplo más simple que podría funcionar:

"Como representante de servicio al cliente, existe un delicado equilibrio entre la satisfacción del cliente y la eficiencia. Aunque nuestros

supervisores querían que tratáramos a cada cliente con total respeto y cortesía, también querían que recibiéramos una cantidad significativa de llamadas telefónicas en un día.

A muchos representantes les resultó difícil encontrar el equilibrio: o pasaban demasiado tiempo hablando por teléfono con los clientes en un intento de hacerlos felices o, de lo contrario, comenzarían a obtener calificaciones más bajas de satisfacción del cliente porque estaban presionando a los clientes para que colgaran más rápido.

Le comuniqué esto a mi gerente y mantuvimos algunas discusiones y reuniones departamentales al respecto. Pudimos iniciar un nuevo programa de incentivos con los departamentos de atención al cliente y facturación, en el que se ponderaba de manera proporcional la cantidad de llamadas y las calificaciones de satisfacción del cliente. Según los informes que recibimos, parecía que el incentivo estaba funcionando porque la satisfacción del cliente estaba aumentando al igual que los números de teléfono. Me sentí realmente bien poder sugerir un cambio que no solo me ayudó a mí y a mis compañeros de trabajo, sino que también ayudó a la empresa."

- ¿Cuál es el trabajo de sus sueños?

Puedes o no recibir esta pregunta, pero es una oportunidad para que conectes (una vez más) tu compromiso con tu carrera y, con suerte, con la empresa que te está entrevistando. Puedes comenzar con algo desenfadado como: *"mi sueño cuando era niño era ser astronauta. Pero una vez que descubrí lo mala que estaba la comida, cambié de opinión"*, esta es una respuesta divertida que desarma la pregunta. Después de decir algo así, puedes dar una respuesta práctica y real, que no parezca que solo les estás diciendo lo que quieren escuchar.

Por lo general, es mejor dar una descripción general de cómo es tu trabajo ideal en lugar de dar un título de trabajo específico. Trata de pensar en una descripción del trabajo que sea realmente alcanzable dentro de la empresa con la que te estás entrevistando. Podría ser un trabajo que esté varios pasos por encima del que estás persiguiendo, pero eso solo demuestra que es ambicioso/a y estás pensando en el futuro. Siempre y cuando su respuesta no les haga preocuparse de que los dejarás después de un breve periodo de tiempo o de que estás utilizando este trabajo como un trampolín hacia un trabajo mejor, estarás bien.

- ¿Cómo le describirían su jefe y sus compañeros de trabajo?

No seas demasiado humilde aquí, pero tampoco exageres. Puedes comenzar tus respuestas con "creo" o "me imagino", para que suene menos pretencioso. Esta es otra oportunidad para que te concentres realmente en las habilidades que más busca el entrevistador. Supongamos que te estás entrevistando para un puesto de finanzas y percibes que el entrevistador valora la independencia y la autonomía, entonces podrías decir algo como:

"Creo que mi jefe diría que soy uno de sus empleados más confiables, de esos que tienen un excelente ojo para los detalles, siempre cumplen con los plazos y pueden resolver problemas financieros complejos con una orientación mínima".

Acerca de tus compañeros de trabajo, podrías decir: *"me describirían como un jugador de equipo que siempre está listo para colaborar. Muchos de mis compañeros de trabajo vienen a mí con regularidad a consultar sobre asuntos del trabajo".*

- ¿Cómo serían sus primeros 30, 60, 90 días en este puesto?

Esta es una pregunta muy difícil para la mayoría de las personas porque probablemente aún no saben específicamente lo que harán, tampoco saben cuáles serán las expectativas de su empleador. Generalmente, puedes seguir estas pautas:

- Primeros 30 días: *"recibir capacitación, familiarizarme con todos mis compañeros de trabajo y supervisores, comenzar a comprender mis responsabilidades laborales."*
- Primeros 60 días: *"ponerme al día con el estado actual de los proyectos en los que esté trabajando, adaptarme al flujo de trabajo y al ritmo que llevan; comprender los objetivos y estrategias de la empresa."*
- Primeros 90 días: *"aprendizaje y capacitación continuos, pero comenzando a desarrollar mi propio enfoque, desarrollando un flujo de trabajo para mí y comenzando a establecer metas y objetivos para mi trabajo."*

Puedes hacer que estos puntos sean más específicos en función de las responsabilidades del trabajo, pero mantenerlos generales y directos está bien. Solo quieren ver qué tan bien puedes formular ideas en el momento, definitivamente tendrán más idea de en qué dirección llevarte si te contratan.

- ¿Cómo despediría a alguien?

Esta pregunta es común, especialmente si te estás entrevistando para un puesto directivo o cualquier puesto en el que habrá personas que respondan a ti. Los puntos más importantes aquí son asegurarte de que parezca que te sentirías cómodo/a con esta situación, no quieres parecer tímido/a o como si no pudieras manejar la situación. Asegúrate de enfatizar que te adherirás estrictamente al protocolo de la empresa y serás firme pero respetuoso/a. Podrías decir algo como:

"Empezaría por familiarizarme con el protocolo de la empresa sobre el despido de empleados si esto fuera un territorio nuevo para mí, y consultaría con el departamento de recursos humanos. Luego, programaría una reunión con el empleado y le notificaría respetuosamente (en persona si es posible) de su despido, también le explicaría cuidadosamente las razones por las que está siendo despedido/a. Responderé cualquier pregunta que pueda tener y me aseguraré de documentar todo de manera adecuada".

Lo que buscan es una respuesta sencilla y directa, estás demostrando tu competencia y que podrás manejar de manera eficiente y efectiva situaciones delicadas de los empleados.

- ¿Qué le gusta hacer fuera del trabajo?

Esta es una pregunta típica que puede que escuches o no. Si bien ciertamente no es la pregunta más importante que te harán en la entrevista, es una oportunidad para que destaques o crees un momento memorable que se destacará en la mente del entrevistador cuando luego reflexione sobre los diversos solicitantes y entrevistas. Trata de evitar respuestas aburridas o genéricas que probablemente todos digan, por ejemplo, no digas *"me gusta viajar"*, o *"me gusta estar activo/a"*, o *"me gusta pasar tiempo con mi familia"*. Si bien todos estos pueden ser ciertos, no son interesantes.

Si hay algo particularmente interesante acerca de tu interés en los viajes, el *fitness* o tu familia, entonces compártelo con ellos, por ejemplo, puedes decir:

"¡Tengo el gusanillo de los viajes! Planeo visitar todos los países en mi vida, y cuando viajo, siempre trato de sumergirme en la cultura gastronómica. Me gusta probar todas las comidas extrañas aventureras y comer donde los lugareños comen y cómo lo comen. ¡Es tan divertido! Luego, cuando llego a casa, trato de recrear lo que probé en el extranjero y obligo a mi familia a ser mis conejillos de indias".

O bien, *"cualquier forma en que pueda estar activo/a y estar afuera es una victoria para mí. Mi pareja y yo nos unimos a un equipo de remo para adultos que es muy divertido y un gran ejercicio.*

Nos encanta salir a la bahía y remar temprano en la mañana cuando sale el sol y los pájaros están activos. Es lo más destacado de nuestro día por lo general".

O también podría ser: *"invierto mucho de mi tiempo libre en mis hijos. Nos gusta hacer muchos trabajos de madera y proyectos de arte juntos. Cualquier cosa, desde hacer manteles individuales de temporada hasta construir casas para pájaros y marcos de fotos juntos. Tenemos un taller en nuestro sótano que nos gusta usar tanto como sea posible".*

Si bien ninguna de estas respuestas te convertirá en la persona más interesante del mundo, son adaptaciones más coloridas de respuestas que de otro modo serían aburridas. Le muestras al entrevistador que eres una persona real y completa. Ese es el objetivo aquí.

- ¿Cuáles son sus expectativas salariales?

Esta es una pregunta delicada. Si es posible, debes eludir la pregunta, especialmente en la entrevista inicial. Investiga un poco sobre lo que paga la empresa por este puesto y observa cuál es el estándar de la industria para el puesto en tu área, *Glassdoor* ofrece mucha información sobre esto. También encontrarás información en *Payscale.com, Salary.com* e incluso en el motor de búsqueda de empleo: *Indeed.com*.

. . .

Si no puedes evitar la pregunta o eludirla con una respuesta vaga, proporciona un rango que esté en línea con tu experiencia y el salario estándar dentro de la industria que has investigado. Si te preguntan cuánto estás ganando actualmente, debes intentar ser honesto.

Por lo general, es bueno decir un número entre un 10% y un 20% más bajo de lo que esperas que se te ofrezca en esta nueva función (por supuesto, hay excepciones a esta función). Para responder a esta pregunta, podrías decir: *"mis expectativas salariales son consistentes con mis calificaciones y las tendencias de la industria"*, o simplemente podrías intentar decir que eres flexible con algo como: *"si decidimos que soy el/la más adecuado/a para este trabajo, estoy seguro/a de que podemos llegar a un acuerdo de salario mutuamente beneficioso"*.

Quieres evitar sonar como si solo estuvieras buscando ganar mucho dinero, y también quieres evitar sonar inflexible. Dicho esto, también deseas evitar venderte por muy poco y pedir menos de lo que tienes derecho: por lo general, las empresas intentarán pagarte lo menos posible, así que si sienten que estás dispuesto/a a aceptar un salario más bajo, intentarán convencerte de que esa es la mejor oferta que pueden ofrecerte.

. . .

Por el contrario, si apuntas demasiado alto, la empresa sentirá que estás pidiendo más de lo que vales o, simplemente, se preocupará de no poder permitirse contratarte.

Entonces, en conclusión, trata de evitar una respuesta directa a la pregunta, o de lo contrario proporciona un rango bastante amplio para demostrar tu flexibilidad y evitar subvalorar o sobrevalorar tu trabajo.

3

La entrevista

VESTIRSE PARA EL ÉXITO:

Vístete de manera coherente con el trabajo que estás tratando de obtener. Si te estás entrevistando para un trabajo de mesero/a, no es necesario que uses un traje; pero si te estás entrevistando para un trabajo de gerente de marketing, tampoco querrás presentarte con jeans y una camiseta.

Siempre es mejor estar un poco mejor vestido que verte desaliñado/a.

. . .

Si estás vestido/a de manera muy formal, al menos eso le muestra al entrevistador que te estás tomando este proceso en serio y que te preocupas por tu apariencia.

Si no te vistes bien, será una gran señal de alerta para el empleador. Incluso si estás perfectamente calificado o calificada para el trabajo, no vestirte adecuadamente demuestra que no te importa mucho tu apariencia o incluso el trabajo en cuestión, y que no sabes lo que significa actuar como un profesional en el lugar de trabajo.

Para los hombres:

Por lo general, no puedes equivocarte con un traje. Si no es un puesto profesional, se recomienda una camisa y corbata, o al menos una camisa de vestir y pantalones de vestir. Invierte en un traje decente y una camisa y corbata decentes, con cinturón y zapatos a juego; esto podría ser la diferencia entre conseguir el trabajo y no conseguirlo. El costo se amortizará con creces a largo plazo, considéralo una inversión en tu carrera.

Por lo general, lo que se recomienda es un traje oscuro y una camisa de vestir clara. Dependiendo de la naturaleza del trabajo, opta por un estilo conservador con un traje ajustado que no sea demasiado extravagante pero tampoco abultado. Cuando usas un traje voluminoso, tiendes a verte incómodo, como si no lo usaras normalmente, la imagen resultante te hace parecer poco profesional.

Aféitate, péinate, asegúrate de que tu aliento sea fresco, pero no mastiques chicle durante la entrevista, eso te hace parecer descuidado. Chupa un poco de menta antes de ir a la entrevista y luego deséchala o trágala justo antes de que comience la entrevista. Evita usar colonia o desodorante con un fuerte aroma y evita los colores brillantes o extravagantes.

Para las mujeres:

Usa un traje con pantalón o falda. Opta por algo que se te vea bien, pero sea conservador, no corras el riesgo de usar algo atrevido o provocativo.

Elige un color oscuro y asegúrate de que se adapte a tu cuerpo y te quede cómodamente. Por lo general, una camisa o blusa simple y de un color más claro que el traje es el camino a seguir.

· · ·

Opta por permanecer en el lado del "menos es más". Esto significa que no te excedas con los accesorios, el maquillaje o las joyas, unos cuantos accesorios modestos que complementen tu look pero que no distraigan ni sean llamativos son lo ideal.

En cuanto al maquillaje, mantenlo simple para que acentúe tus rasgos pero no distraiga, también evita usar cualquier tipo de perfume fuerte. Usa algunos zapatos conservadores, este no es el momento para los tacones de aguja: los tacones conservadores están bien siempre y cuando puedas caminar con naturalidad con ellos, los zapatos planos están bien siempre que no se vean demasiado casuales.

Mantén tu cabello fuera de la cara si es posible, péinalo de manera pulida y profesional.

Evita usar colores brillantes, prendas con grandes estampados o esmaltes de uñas brillantes que puedan distraer, etc.

Errores más comunes que las personas cometen en una entrevista

. . .

Problema: Dudar o congelarse

Puedes ser el tipo de persona que se queda en blanco o se congela cuando está bajo presión. Algunas personas se sienten incómodas hablando de sí mismas o quizás incómodas hablando con personas que no conocen, incluso si saben la respuesta, a veces su mente puede quedarse en blanco y no están seguros de qué hacer. No querrás dudar o congelarte en la entrevista, quieres ser capaz de responder con decisión y sin problemas.

Solución: hay algunas cosas que puedes hacer para evitar congelarte.

1. Haz tu tarea: de eso se trata este libro. Prepararte para la entrevista e intentar prepararte para la mayoría de las preguntas que se te puedan hacer. Si sabes lo que haces, hay menos posibilidades de que entres en pánico y te congeles.

2. Practicando: practica diciendo algunas de tus respuestas en voz alta, recuerda que mencionamos en secciones anteriores que deseas evitar sonar ensayado o con guión. Probablemente no quieras escribir todas tus

respuestas palabra por palabra, pero anotar notas con viñetas realmente te ayudará a mantenerte orientado/a y a encontrar las cosas principales que quieres decir en una respuesta. Practica frente a un espejo y trata de asumir un aire confiado pero humilde.

3. Realiza tantas entrevistas como sea posible: cuando eres nuevo/a en el juego de las entrevistas, la idea de una entrevista puede ser muy pesada y abrumadora. La mejor forma de superar el miedo a las entrevistas es simplemente haciéndolo, realiza tantas entrevistas como sea posible, incluso para trabajos que creas que no te interesarán o trabajos para los que sabes que no estás calificado/a. Una vez que entres en práctica te sientas cómodo/a con ese tipo de presión, podrás relajarte más y ser tú mismo/a en las entrevistas.

Nota: esto solo es realmente recomendable si eres nuevo/a en las entrevistas o si estás oxidado/a y no has tenido que entrevistarte en mucho tiempo. Una vez que seas un/a profesional experimentado/a, solo debes realizar entrevistas que tengan sentido para ti.

Problema: dominar la conversación o hablar demasiado

. . .

Algunas personas están demasiado ansiosas por mostrarse como asertivas y demostrar que han hecho su tarea. Lo que termina sucediendo es que dominan por completo la conversación y entregan demasiada información demasiado rápido, sin darle al entrevistador la oportunidad de dialogar o conversar. Esto puede ser muy desagradable para el entrevistador y también puede ser una señal de alerta cuando están evaluando tu capacidad para hacer un buen trabajo para su empresa.

Solución: practicar con amigos haciendo "entrevistas simuladas", en las que te hacen preguntas y tú tratas de responderlas. Haz que tus amigos te avisen si estás dominando demasiado (a menudo, otras personas pueden verlo más fácilmente que nosotros mismos). Practica ser un/a buen/a oyente en las conversaciones con amigos, haz contacto visual y trata de leer la expresión de la otra persona.

Por lo general, puedes captar las señales no verbales de la otra persona si estás siendo demasiado fuerte. Toma una nota sutil para ti mismo/a en las notas que traerás contigo a la entrevista para "reducir la velocidad y escuchar". Cuando estamos nerviosos, a menudo nos olvidamos de hacer eso.

. . .

Problema: divagar

Un error en el que la gente suele caer es divagar sobre algo cuando no están muy seguros de cómo responder una pregunta.

Puede ser un hábito nervioso, o simplemente puede ser un triunfador que intenta incluir demasiado en una respuesta. Aunque es mejor mostrar todo el conocimiento posible, es muy fácil exagerar.

Solución: primero responde la pregunta directamente. En lugar de lanzarte a una explicación larga, primero presenta una respuesta directa y luego ofrece apoyo para esa respuesta. Practica ser más conciso/a, una buena forma de hacerlo es escribiendo las respuestas que darías a posibles preguntas y luego tratando de revisar las respuestas y acortarlas sin comprometer la calidad de la respuesta. A menudo, esto significa eliminar los detalles innecesarios y llegar directo al punto de lo que tengas que decir.

. . .

Otra buena idea es fijar un tiempo límite. Establece un temporizador de 30 segundos e intenta alcanzar todos los puntos que deseas tocar en ese tiempo. Puedes ajustar la cantidad de tiempo que te dedicas a ti mismo/a en función de la importancia y complejidad de la pregunta.

No solo es una buena práctica y una cualidad deseable para los posibles empleados poder ser concisos y directos, sino que también, francamente, el entrevistador no quiere escucharte divagar todo el día. Quieren que respondas a sus preguntas y luego sigas adelante.

Problema: ser demasiado humilde

Muchas personas se sienten incómodas presumiendo de sí mismas o haciendo un gran escándalo de sus logros. Como resultado, restan importancia a su experiencia y calificaciones, esto los hace parecer candidatos débiles o hace que el empleador sienta que pueden ofrecerles menos dinero. Ambas son cosas que queremos evitar.

Solución: realiza una lista de tus fortalezas, escribe todas las que puedas imaginar. Luego, organízalas en orden de mayor a menor relevancia o importancia para el trabajo que estás solicitando. Piensa en cómo hablarías de otra persona a la que respetas y le deseas lo mejor, luego intenta hablar sobre ti de la misma manera.

Por ejemplo, si tuvieras un amigo al que recomendaras para un trabajo, ¿cómo hablarías de él? Te enfocarías en sus buenas cualidades y hablarías sobre por qué encajarían bien sin exagerar o hacer que parezcan demasiado buenas para ser verdad. Pídeles a las personas que te quieren que te ayuden a dar buenas respuestas a "¿cuáles son sus puntos fuertes?" y "¿por qué deberíamos contratarte?", igual que a "¿por qué eres el/la más apto/a para este trabajo?".

Problema: tener demasiada confianza

Aunque la confianza es clave para desempeñarse bien en una entrevista, rápidamente puede convertirse en egolatría y arrogancia, que es incluso menos deseable que la timidez. Las personas engreídas piensan que están por encima de las reglas o que no tienen que consultar con otros, creen que lo saben todo y que no hay nada nuevo que aprender. También piensan que valen mucho dinero y siempre buscarán un salario más alto o un estatus más alto.

· · ·

Todas estas son cualidades indeseables que los empleadores no desean en los posibles empleados. La mayoría de las personas no son genuinamente engreídas o arrogantes, simplemente cometen el error de parecer así porque están nerviosas o compensan de más su timidez.

Solución: sonríe cuando hables, eso normalmente hará que el entrevistador esté más dispuesto a aceptarte y te dará el beneficio de la duda; habla bien de los demás (por ejemplo, ex jefes/empresas, mentores, educadores, miembros de la familia, etc.)

Cuando hables de ti, agrega algunos calificativos, como *"creo que soy particularmente bueno/a con..."*, también puedes hacer referencia a oportunidades con calificativos como *"tuve el privilegio de poder experimentar..."*, o *"fue una oportunidad increíble para mí y aprendí mucho"*. Haz esto siempre que debas hablar sobre cómo aprendiste algo, muestra humildad y le muestra al entrevistador que estás abierto/abierta a aprender y sabes que no lo sabes todo.

Problema: parecer desinteresado/a

Quizás estés un poco desanimado/a. Tal vez has estado en muchas entrevistas de trabajo sin éxito, o tal vez las ganancias son escasas y no hay muchas oportunidades en tu área; como resultado, es posible que ya te sientas negativo/a o apático/a cuando ingreses a la entrevista.

La ironía es que si dejas que tu entrevistador vea eso, casi puedes estar seguro/a de que no obtendrás el trabajo.

Un empleador quiere un/a candidato/a que no solo esté calificado/a, sino que esté realmente interesado o interesada en la empresa y la oportunidad.

Solución: sonríe y participa, haz parecer que quieres estar ahí, incluso si no es así. Expresa tu entusiasmo e interés, haz que el empleador sienta que tu objetivo número uno es poder trabajar con su empresa.

Incluye pequeñas frases en tus respuestas, como *"por eso estoy tan emocionado/a con esta oportunidad"* o *"por todo lo que sé sobre su empresa, parece que realmente es la mejor en lo que hacen, y eso es algo de lo que quiero ser parte"*. Haz preguntas interesantes, si simplemente haces preguntas genéricas sin un deseo aparente de una respuesta reflexiva, le estás demostrando al entrevistador que no te importa mucho el trabajo. A su vez, a ellos no les importarás mucho como candidato/a.

· · ·

Problema: llegar tarde a la entrevista

Existe una forma casi infalible de asegurarte de que no obtengas el trabajo y esa es llegar tarde a la entrevista. Muestra a los empleadores que la oportunidad de trabajo ni siquiera es lo suficientemente importante como para que llegues a tiempo, también muestra que te falta pulirte profesionalmente para poder organizar tus asuntos de modo que llegues al menos a tiempo, si no es que temprano.

Solución: no importa qué tan seguro/a estés de la cantidad de tiempo que te llevará llegar al lugar de la entrevista, planea llegar 20-30 minutos antes.

Piensa en esto como simplemente darte tiempo adicional para prepararte y repasar tus notas, ten en cuenta el horario de la entrevista: ¿te encontrarás con el tráfico?, ¿la entrevista se lleva a cabo durante las horas pico de tráfico? Asegúrate de tener la información de contacto de las personas con las que te entrevistarás. Si hay un problema o si tienes dificultad para encontrar el lugar de reunión, te recomendamos que lo informes con anticipación.

. . .

Nada es peor que no presentarte, asegúrate de conocer todos los detalles de la reunión de antemano. Si te reunirás en la oficina, solicita direcciones sobre dónde estacionarte y cómo ingresar al edificio, a dónde debes ir desde ahí. Si te reunirás en un restaurante o en un lugar público, asegúrate de aclarar cómo te reunirás, por ejemplo: *"llegaré temprano y conseguiré una mesa para los dos"*, o *"te esperaré en el vestíbulo del hotel. Llevaré un traje azul"*. Básicamente, trata de no dejar nada al azar para estar seguro/a de estar en el lugar correcto, temprano y sin riesgo de perderte la entrevista o llegar tarde.

Problema: compartir en exceso

Muchas personas terminan exagerando cuando están nerviosas. Este no es el momento de hablar sobre la deuda de tu tarjeta de crédito o tus problemas maritales, si sobrecargas al entrevistador con demasiada información, parecerás inestable, o al menos poco profesional.

Solución: Piensa antes de hablar. Esto es difícil cuando estás bajo presión y cuando estás nervioso/a, pero trata de no soltar lo que te venga a la cabeza. Por el contrario, comprueba rápidamente lo que vas a decir y pregúntate: *"¿Es esto relevante para el trabajo? ¿Es profesional?"*, si responses que sí, puedes continuar.

. . .

Puedes compartir información personal aleatoria que respalde tus respuestas o que hará que los entrevistadores te vean más favorablemente, pero mantenlo al mínimo. Concéntrate en lo que es relevante para el trabajo y evita "desahogarte" con tus entrevistadores a toda costa.

Problema: no hacer contacto visual

En esta era de los teléfonos inteligentes, la capacidad de las personas para hacer contacto visual está en su punto más bajo, pero es importante en una entrevista de trabajo. Cuando no logras hacer contacto visual, das la impresión de estar desconectado/a, incómodo/a e incluso de ser deshonesto/a. Por el contrario, cuando eres capaz de mirar al entrevistador directamente a los ojos, te ves confiado/a, honesto/a y comprometido/a.

Solución: practica el contacto visual en las conversaciones cotidianas normales con amigos y familiares.

Incluso debes practicar con extraños al azar que encuentres a lo largo del día: cuando estés en la tienda, haz contacto visual con la persona en el mostrador de pago y

ANDREW FISCHER & NATHANIEL DAVIDS

da las gracias. Cuando sostengas la puerta para que alguien entre, haz contacto visual con ellos y sonríe.

No querrás mirarlos intensamente sin romper el contacto visual, sino hacerlo con frecuencia, pero no constantemente; y cuando no estés haciendo contacto visual, debes tratar de parecer lo más comprometido/a posible con otras señales no verbales, como asentir con la cabeza y sonreír.

En la entrevista, es una buena idea tomar notas, para que puedas tomar descansos de hacer contacto visual mientras escribes.

Problema: no obtener información de contacto o preguntar sobre los próximos pasos

Debes tener en cuenta que lo más probable es que seas uno/a de los muchos candidatos que se entrevistan para este trabajo, no querrás cometer el error de esperar pasivamente a que la dirección de recursos humanos finalmente se comunique contigo si de verdad te interesa el trabajo. Debes dejar muy claro que estás interesado/a en seguir adelante con la empresa lo antes posible.

. . .

Solución: solicita la tarjeta de presentación del entrevistador al final de la entrevista.

Muchos entrevistadores y gerentes te darán su tarjeta al comienzo de la entrevista, por lo que este puede ser un paso innecesario. Al final de la entrevista, reitera tu deseo de seguir adelante con la empresa y pregúntales cuáles son los próximos pasos, por lo general, el entrevistador dirá algo genérico como *"tenemos algunas entrevistas más y luego tomaremos decisiones sobre las entrevistas de segunda ronda"*. Rara vez el entrevistador asume algún tipo de compromiso decisivo en el acto, pero siempre es una buena idea expresar tu deseo de seguir adelante y preguntar cuáles son los próximos pasos.

Problema: no dar seguimiento a la entrevista

Al igual que en el último punto, eres una de las muchas personas que se entrevistan para este trabajo. Deseas permanecer en la vanguardia de la mente del entrevistador el mayor tiempo posible, no hacer un seguimiento le dice al entrevistador que no te importa el trabajo o que no eres bueno/a para hacerlo.

· · ·

Solución: envía un correo electrónico de seguimiento de calidad aproximadamente 24 horas después de la entrevista. Esta es una excelente manera de mantenerte en la carrera y reiterar tu interés en el trabajo.

4

20 consejos sutiles para una entrevista exitosa (verbal y no verbal)

1. Establece contacto visual: como se mencionó anteriormente, esta es una de las formas más importantes de establecer una conexión y relación de confianza con el entrevistador. Cuando haces contacto visual, muestras interés activo, competencia y confianza; cuando no logras hacer contacto visual, muestras falta de confianza, falta de interés y falta de aptitud.

2. Apretón de manos firme: no hay nada peor que el apretón de manos de un pez muerto en una entrevista. Después del saludo inicial, tu apretón de manos será el primer punto de conexión entre el entrevistador y tú. Aunque probablemente no sea un gran problema, es una oportunidad para causar una fuerte

impresión. Tener un apretón de manos fuerte y firme demuestra que tienes confianza y estás listo/a para la entrevista, sin embargo, por nerviosismo, algunas personas son demasiado firmes con sus apretones de manos y tratan de romper la mano del entrevistador, esto puede ser incluso peor que el apretón de manos de los peces muertos. Debes facilitar el apretón de manos. Entra con una ligera presión y aplica más a medida que percibas el nivel de fuerza que tiene tu entrevistador.

3. Sonríe, esto no es un proceso penal: una sonrisa profesional demuestra que eres una persona agradable que está entusiasmada con esta oportunidad y se siente razonablemente seguro/a de sus posibilidades.

4. Trata de sentirte a gusto: esta es difícil para muchas personas, pero relajar un poco tu postura, sentarte en la silla en lugar de agacharte en el borde de tu asiento, estar atento/a a cualquier tic nervioso (golpeteo de los pies, tamborileo de dedos, temblores de las extremidades, etc.), eliminar los temblores en la voz… todas estas son formas de demostrar al entrevistador que te sientes cómodo/a en el proceso.

5. Haz que la entrevista sea una experiencia agradable: siente la situación y trata de ser

amigable si es apropiado, incluso puedes hacerles preguntas sobre su procedencia, gustos, etc. Esto puede dejar una impresión muy positiva en el entrevistador, especialmente si el trabajo en cuestión implica cualquier tipo de servicio al cliente o interacción con personas. Si tienes la capacidad de entrar en una situación estresante y hacer que todos en la habitación se sientan cómodos, y operar con aplomo y gracia tú mismo/a, causarás una buena impresión.

6. Escucha activamente: haz contacto visual y utiliza un lenguaje corporal que demuestre que los estás escuchando activamente y que estás interesado/a en escuchar lo que tienen que decir. Inclina la cabeza y lleva tu cuerpo ligeramente hacia adelante, asiente con la cabeza siempre que el entrevistador diga algo con lo que estés de acuerdo o con lo que te identifiques.

7. Sé conciso/a: practica decir lo que quieres decir y luego repítelo con menos palabras.

8. Haz más preguntas abiertas que te den una idea del trabajo y ten cuidado de no responder la pregunta por los demás: muchas personas cometen este error cuando están nerviosas. Hacen una pregunta y luego la responden parcialmente para que su pregunta suene

menos agresiva, por ejemplo: *"¿por qué se fue la persona anterior en este rol? ¿Encontraron otra oportunidad en otro lugar?"*. Una mejor manera de hacer esta pregunta es *"¿puede decirme algo acerca de por qué este puesto quedó vacante?"*. Aquí estás haciendo una pregunta abierta que permite que el entrevistador te brinde información privilegiada sobre la empresa, es posible que descubras algo nuevo aquí que no hubieras descubierto anteriormente.

Cuando intentas responder la pregunta por ellos, les estás dando una salida fácil y minimizando sus posibilidades de aprender algo nuevo. De manera similar, querrás evitar preguntas de sí o no. Por ejemplo, *"¿tiene alguna forma de medir el éxito para este puesto?"*, esta no es una buena pregunta.

Una forma mucho mejor de preguntar sería: *"¿puede decirme cómo se mide el éxito en este puesto?"*. Es una pregunta abierta que busca obtener la mayor cantidad de información posible.

1. Asegúrate de estar emocionado/a sin parecer engreído/a: modera tu fanfarronería con expresiones de lo emocionado/a que estás con la oportunidad y cuánto has aprendido y lo mucho que te gustaría continuar aprendiendo y desarrollándote.

2. Haz tu mejor esfuerzo para ser positivo/a y

relajado/a: sí debes ser positivo/a pero también mantener los pies en la tierra.

3. No parezcas desesperado/a: muéstrate a gusto, si es que quieres que se sientan afortunados de tenerte, no al revés.

4. Tenga cuidado con los gestos: gesticular puede ser excelente, puede hacer que parezcas más alegre y animado/a, pero solo haz lo que se sienta (y se vea) cómodo. Practica con un amigo o frente al espejo, no te agites violentamente y evita cualquier movimiento rápido o alarmante. Si te sientes y te ves incómodo/a al usar gestos, mantenlos al mínimo.

5. Expresiones faciales adecuadas: ten cuidado de no pensar demasiado en esto. Mantén tus expresiones faciales respetuosas y comprometidas, permanecer sin expresión implica que tu mente está en blanco o que no estás escuchando al entrevistador. Sin embargo, si te excedes con expresiones faciales tremendamente animadas, parecerás extraño/a o inestable. Siempre es bueno practicar frente a un espejo o con un amigo o colega de confianza.

6. Mantén una buena postura cuando estés sentado/a: como se indicó anteriormente, deseas parecer relajado/a, pero interesado/a y profesional. Relaja los hombros en la silla e

inclínate ligeramente hacia adelante, pero no te encorves. Mantén la parte baja de la espalda presionada contra el respaldo de la silla, con los pies plantados en el suelo, no muevas mucho los pies ni hagas rebotar las piernas.

7. Toma notas: es perfectamente aceptable e incluso se recomienda tomar notas cuando el entrevistador está hablando o respondiendo a tus preguntas. No te excedas, no garabatees furiosamente cada palabra que dicen, pero tomar nota de algo que se destaca o parece importante para ti aquí y allá es perfectamente aceptable. Esta también es una buena oportunidad para que reduzcas y perfecciones tu lista de preguntas para el entrevistador, a lo largo de la entrevista, es casi seguro que algunas de las preguntas que has preparado para el entrevistador se responderán solas a través de la conversación. No deseas hacer una pregunta al final que ya haya sido respondida en el transcurso de la entrevista, por lo que puedes tachar esas preguntas a medida que las respuestas se hagan evidentes. Sin embargo, es posible que se te ocurran nuevas preguntas durante el transcurso de la entrevista, así que escribe una nota rápida para preguntarles cuando sea tu turno de hacer preguntas.

8. No interrumpas: cuando las personas están

nerviosas, hablan demasiado rápido, y a menudo, no esperan su turno para hablar. No es agradable cuando alguien interrumpe constantemente a otras personas, porque implica que piensa que lo que tiene que decir es más importante y que no está interesado/a en escuchar. Escucha atentamente todo lo que dice el entrevistador y déjalo terminar cada pensamiento antes de comenzar tu respuesta o intervenir. Si están en medio de algo que deseabas abordar y tienes miedo de olvidarte de abordarlo cuando sea tu turno de hablar, anótalo rápidamente para hacer referencia a esto cuando sea tu turno de hablar.

9. Véndete a ti mismo/a: esta es la oportunidad de tomar tu experiencia y pintar una imagen, el entrevistador no te ha visto en tu lugar de trabajo, no conoce los detalles mundanos de tu trabajo. Esta es tu oportunidad de hacer que tu rol y responsabilidades parezcan de lo más importante, incluso si el día a día era mundano o no parecía tan impresionante.

10. Llega al menos 15 minutos antes, relajado/a y expectante pero no impaciente mientras espera. Revisa tus notas.

11. Evita tu teléfono: mientras esperas la entrevista, no estés pegado/a al teléfono. Es posible que sea mejor dejar tu teléfono en el

automóvil o al menos apagarlo tan pronto como ingreses al edificio.

12. Después de responder una pregunta difícil, pregunta: *"¿responde eso a su pregunta?"* para asegurarte de que el entrevistador no se sienta despreciado o como si estuvieras tratando de evitar una pregunta.

5

Seguimiento después de la entrevista

NORMALMENTE HACIA EL final de la entrevista, el entrevistador te preguntará qué preguntas tienes para él. Esta es tu oportunidad de utilizar la lista que preparaste antes de la entrevista. Si has seguido los consejos de este libro, habrás estado refinando cuidadosamente tus preguntas a lo largo de la entrevista para no perder el tiempo del entrevistador haciendo preguntas irrelevantes o que ya han sido respondidas anteriormente.

Está perfectamente bien escanear tu lista de preguntas y decir: *"en realidad, muchas de estas preguntas han sido respondidas a lo largo de nuestra entrevista, lo cual es genial"*. Esto puede comprarte tiempo mientras buscas las preguntas adecuadas para hacer.

Hacer preguntas de cierre:

• • •

Hay dos preguntas que generalmente recomiendo hacer después de haber hecho todas las preguntas relacionadas con el trabajo o la empresa:

1) Pregunta si tienen otras preguntas para ti o si desean que proporciones más información

Hacer esta pregunta permite que la entrevista se detenga y consideren si tienen preguntas persistentes o inquietudes que sienten que no se han abordado adecuadamente. También muestra que eres meticuloso/a, que prestas atención a los detalles y que estás ansioso/a por brindarles una imagen precisa de tu persona.

"¿Tiene alguna otra pregunta para mí?, o ¿hay alguna otra información que pueda proporcionarle para demostrar que soy el/la mejor candidato/a?".

Esto es tanto un desafío como una pregunta válida, la mayoría de las veces simplemente dirán: *"nada que se me ocurra"*, o algo parecido, pero existe la posibilidad de que tengan alguna pregunta que aún no se haya abordado y que podría marcar la diferencia en tu entrevista.

. . .

2) **Pregunta: "¿hay algo que crea que me impediría hacer este trabajo?"**

Esta es una pregunta un poco agresiva y algunos pueden verla como un "cierre suave", básicamente, les estás pidiendo que te digan si creen que eres un/a buen/a candidato/a. Obviamente, debes sentir al entrevistador. Después de haber completado la entrevista, deberías poder decir cómo una pregunta como esta podría afectarlos.

Si parecen positivos y de mente abierta, no hay mucho riesgo al hacer esta pregunta: *"basado en mi experiencia y nuestra discusión de hoy, ¿cree que soy un buen candidato para este trabajo? ¿Hay algo que vea que me impida sobresalir en este trabajo?"*, o bien, algo como *"¿cómo me comparo con otros candidatos que ha entrevistado?"*.

Puedes modificar la forma en que harías esta pregunta y hacerla más o menos agresiva en función de tus instintos sobre la entrevista, pero es una excelente manera de desafiar al entrevistador a que te diga lo que realmente piensa.

Existe una buena posibilidad de que simplemente te den una respuesta genérica e imparcial como *"creo que tenemos una buena idea de quién es usted y cuáles son sus calificaciones"*, pero siempre existe la posibilidad de que expresen alguna preocupación persistente que sientan que te descalifica de la consideración para el trabajo. Es posible que puedas o no aliviar esa preocupación con una discusión más detallada, sin embargo, lo más importante es que le muestra al entrevistador que eres directo/a, confiado/a y persigues tus objetivos.

El resumen de 20 segundos

En 20 segundos, reitera por qué eres el/la mejor candidato/a y reafirma tu inmenso interés en la empresa y el puesto.

Esto es de suma importancia porque, al igual que tu primera impresión es vital, esta podría ser tu impresión duradera con ellos. Este es el mensaje con el que quieres dejarles, así que haz que cuente y elimina cualquier minucia.

Simplemente céntrate en los 2 o 3 puntos más importantes que muestran por qué eres el/la candidata/a ideal para este trabajo y, al mismo tiempo, expresa tu entusiasmo e interés en la oportunidad.

. . .

Próximos pasos

Asegúrate de preguntarle al entrevistador sobre los próximos pasos del proceso, puedes decir algo como *"estoy interesado/a en seguir adelante, así que me gustaría saber cuáles son los próximos pasos y cuál es el cronograma de su decisión"*. Por último, asegúrate de obtener la información de contacto del entrevistador, puedes decir: *"me gustaría estar en contacto durante el proceso de toma de decisiones, ¿cuál es la mejor manera de comunicarme con usted?"*. Es probable que te entreguen su tarjeta o su dirección de correo electrónico si aún no lo hicieron al comienzo de la entrevista.

6

Seguimiento después de la entrevista

CORREO electrónico de agradecimiento

Aproximadamente 24 horas después de la entrevista, querrás enviar un correo electrónico de agradecimiento a todos los que estuvieron presentes en la entrevista. Mantén el correo breve, directo y sincero. A continuación, se muestra un marco general para tu correo electrónico de seguimiento o agradecimiento:

- Agradéceles por su tiempo y la oportunidad de entrevistarte
- Diles 1 o 2 cosas que realmente disfrutaste aprendiendo sobre la empresa/trabajo en la entrevista
- Expresa de manera muy concisa por qué eres la mejor opción para la entrevista

- Expresa tu deseo de seguir adelante y tu interés en la oportunidad
- Agradéceles nuevamente y expresa tu deseo de recibir noticias de ellos lo antes posible

Si no tienes la información de contacto de las personas con las que te entrevistaste o si hubo varios entrevistadores y no lograste obtener todas sus direcciones de correo electrónico, envía un correo a la persona que organizó la entrevista y pídele que la reenvíe a los entrevistadores por ti. También puedes pedirle a la persona que organizó la entrevista que te dé la dirección de correo electrónico de los entrevistadores, para que puedas escribirles.

No hay excusa para no enviar un correo electrónico de agradecimiento, los empleadores difieren en la importancia que le dan a éstos, pero no es raro que los candidatos estelares pierdan la oportunidad porque no enviaron un correo de seguimiento.

Seguimiento

Después de una cantidad razonable de tiempo (1-2 semanas) puedes y debes enviar un correo electrónico de seguimiento a la empresa. No te preocupes por ser intenso/a o molesto/a, los empleadores quieren a alguien que sea asertivo y emprendedor. Quieres estar a la vanguardia de sus mentes y destacar de cualquier forma que puedas.

Cíñete a la línea de tiempo que establecieron. Si dicen que tomarán una decisión en 2 semanas, espera al menos 2 semanas antes de enviarles un correo electrónico, corres el riesgo de parecer demasiado agresivo/a o molesto/a si les envías un correo electrónico antes de que haya transcurrido el periodo de tiempo que te dieron.

- Pautas para el correo electrónico de seguimiento
- Sé muy breve: unas pocas oraciones. Esta no es tu oportunidad de defender tu caso como candidato/a, en este punto, has hecho todo lo posible para demostrar que eres un/a candidato/a excelente. Solo tienes que esperar y confiar en su decisión.
- No seas agresivo/a: sé cordial e intenta sonar comprensivo/a ante lo ocupados que deben estar (incluso si en tu cabeza te estás volviendo loco/a de impaciencia porque solo quieres una respuesta).
- No asumas automáticamente que no obtuviste el trabajo, sé optimista. Si no has tenido noticias de ellos, asume que aún no han

tomado una decisión y que todavía estás en la carrera.

- Sé útil: pregunta si hay algo más que puedas hacer para ayudarlos en el proceso de toma de decisiones.

No tengas miedo de enviar correos electrónicos continuamente hasta que recibas una respuesta. Mantenlos razonablemente espaciados y mantén tu tono cordial y no agresivo, tu objetivo aquí es establecer una relación con quien toma las decisiones. Incluso si se te pasó por alto esta oportunidad, existe una gran posibilidad de que puedan tener otras oportunidades que surjan en un futuro muy cercano para las que puedas ser considerado/a.

Conclusión

Si has llegado tan lejos en este libro, deberías felicitarte.

Ya estás muy por delante de la mayoría de las personas con las que competirás por este trabajo, tienes la primicia, tienes todas las herramientas para representarte a ti mismo/a adecuadamente y garantizar la mejor oportunidad posible de conseguir el trabajo que realmente deseas.

Recuerda que, contrario a la creencia popular, la mejor forma de destacar es ignorando por completo el proceso de solicitud de empleo. Postula a una empresa, no a un trabajo.

Encuentra una empresa que realmente te guste e ignora sus ofertas de trabajo, encuentra un tomador de decisiones y convéncelo de que simplemente tiene que tenerte en su equipo.

Es una paradoja que la mejor manera de competir por un trabajo sea no competir en absoluto. Los expertos dicen que la peor manera de conseguir un trabajo es encontrar un puesto de trabajo y solicitarlo, será mucho más difícil avanzar realmente cuando te pierdas en un mar de otros solicitantes. Además, es posible que tu currículum nunca llegue al escritorio de quien toma decisiones: cuando solicitas un trabajo, tu currículum se ejecuta a través de programas de filtrado automatizados que pueden sacarte de la carrera por razones estúpidas antes de que tu currículum haya sido visto por un par de ojos humanos.

Quieres eliminar todos los pasos innecesarios e ir directo a lo importante. Encuentra al responsable de la toma de decisiones siguiendo los pasos que se proporcionan en este libro y convéncelo de que serías una valiosa adición a su equipo. Si el momento es el adecuado y haces un buen trabajo, la empresa encontrará un lugar para ti, independientemente de las ofertas públicas de empleo que anuncien.

Con muchas de las habilidades y prácticas descritas en este libro, la práctica hará al maestro. Te sentirás cada vez más cómodo/a con el proceso cuanto más practiques. Practica tus habilidades para entrevistar con amigos, con empresas en las que ni siquiera estás interesado/a solo para pulir tus habilidades.

Antes de que te des cuenta, podrás enfrentar cualquier obstáculo laboral con confianza. Esta confianza se hará evidente y los tomadores de decisiones te verán, te querrán y, de repente, te destacarás. ¡Te levantarás en tu totalidad por encima de la multitud!

Cómo Encontrar tu Pasión y Vivir una Vida Plena

Los Elementos Fundamentales que te Ayudarán a Encontrar tu Verdadero Llamado en la Vida

Índice

Introducción

¿Alguna vez has admirado a alguien por lo plena que parece su vida? Su pasión brilla en todo lo que hace porque ha encontrado su propósito. ¿No te gustaría estar en su lugar por una vez?

Este libro es la guía definitiva para conseguirlo. Si sigues las instrucciones aquí dadas paso a paso, a lo mejor llegarás exactamente a donde necesitas estar cuando llegues al final. S te mostrará cómo superar tus miedos y pensar en positivo cuando ese lado negativo de ti mismo empiece a inventar razones tontas por las que no deberías hacer algo, o por las que no eres lo suficientemente bueno. ¿Quieres hacer realidad tus fantasías? ¿Tienes problemas para saber por dónde empezar? Pues lee esto y aprenderás cómo conseguirlo. Es hora de dejar de procrastinar y hacer por fin algo por ti mismo para lograr la vida que siempre has querido.

Introducción

Algunas personas han pasado por lo que parece el infierno y han vuelto. Esas personas, en sus días de juventud, es seguro decir que estaban viviendo una vida de la que no estaban demasiado orgullosos, y luego, a través de sus experiencias de vida y la construcción de su futuro, finalmente encontraron su pasión. Este libro es para ayudarte a encontrar lo mismo. A través de la búsqueda de tus creencias y talentos, descubrirás cuál es tu pasión. Ayudar a personas como tú a encontrar sus deseos y darles la motivación para luchar por la mejor vida que puedan vivir es el objetivo de este libro.

A través de tus experiencias de vida vistas desde la perspectiva aquí dada, aprenderás realmente lo que es vivir una vida satisfactoria.

¿Estás cansado de vivir la misma vida rutinaria y aburrida que tienes ahora? Levantarse todas las mañanas, prepararse para el trabajo, ir al trabajo, y luego llegar a casa agotado pero con muchas responsabilidades por lo que no tienes tiempo para descansar.

Si esto te suena familiar, entonces definitivamente elegiste el momento adecuado para leer este libro. Se cubrirán todos los temas de quién, dónde, qué, por qué y cómo vivir apasionadamente. En este libro, aprenderás muchas estrategias para encontrar tu pasión. Si usas estas habilidades todos los días, pronto sentirás las alegrías de una vida abundante y llena de pasión.

Cómo usar este libro: Este libro tiene una serie de capítulos que te pedirán que tomes notas. Agarra un bolígrafo y un bloc de notas y anota lo que has aprendido y responde a las preguntas de forma eficaz hasta el final.

Si sientes incomodidad, es una buena señal. Esto demuestra que has llegado al núcleo de la cuestión.

Empieza a escribir sin juzgar ni criticar. Asegúrate de escribir lo que se te ocurra. En el apéndice, al final de este libro, encontrarás una lista de preguntas.

Qué es la pasión: La pasión es un fuerte deseo que puede llevarte a hacer cosas increíbles.

La pasión es una emoción sobre la que hay que actuar.

Sin acción, la pasión no produce resultados que valgan la pena. La pasión es el combustible en el fuego de la acción. Cuando tienes pasión por algo, lo amas incluso cuando lo odias.

Entonces, ¿qué es la pasión? ¿Cómo reconoces tu pasión y cómo la pones en práctica?

¿Qué es la pasión? Un deseo alimentado por la pasión dará los mejores resultados en la vida.

Me gusta el monopatín, pero no tengo la determinación necesaria para esforzarme por romperme los huesos y visitar el hospital. Por eso no soy tan bueno como podría ser. No me apasiona.

La pasión puede empujarte en los momentos difíciles porque no te importa lo que cuesta ser mejor. Todos tenemos la capacidad de crear el tipo de vida que queramos. El secreto para vivir el sueño se esconde en nuestras pasiones y en lo que hacemos gracias a ellas.

¿Cómo saber qué te apasiona? Encontrar lo que te apasiona es un viaje en sí mismo. No te sientas frustrado si todavía no lo sabes. Sigue probando cosas nuevas. Llegará aunque tengas que construirlo.

Si encuentras tu pasión, o te encuentras tras su pista, no la abandones.

¿Y si sabes lo que te apasiona pero no haces nada al respecto? Este es el principal problema de la pasión.

Puedes tener toda la pasión del mundo por algo, pero si nunca haces nada al respecto, esa pasión es inútil.

Tal vez tengas un buen trabajo que paga todas las facturas, pero que no te permite seguir realmente tu pasión. Tienes miedo de lo que pueda pasar si cambias las cosas. Sí, el cambio da miedo, pero no es hasta que salimos de nuestra zona de confort cuando encontramos lo que nos hemos estado perdiendo.

Tú eres el autor de tu vida. No te conformes con lo mínimo sólo porque ahora te funciona.

Nunca sabrás de qué eres realmente capaz si no te exiges a ti mismo.

Pero incluso cuando persigas tu pasión, te encontrarás con fracasos y otros obstáculos. No puedes dejar que eso te afecte. A todo el mundo le ocurre en el camino de seguir su pasión.

Abraham Lincoln tenía una gran pasión por construir un gran país. ¿Crees que dejó que unos cuantos fracasos le impidieron hacerlo? No dejes que los obstáculos te desanimen.

¿Y la pasión por las personas? La idea de la pasión también se aplica a las personas. No caigas en la trampa común de pensar que quieres a alguien y no hacer nada al respecto. Pregúntate si vale la pena renunciar a mi orgullo para mantener una relación? ¿Y ser desinteresado y sacrificar tu tiempo o tu comodidad? Si no puedes hacer eso, probablemente no es amor real, o necesitas empezar a hacer cambios.

A menudo, creo que tenemos que recordarnos a quién amamos y actuar en consecuencia. Es fácil dejar que las relaciones familiares se debiliten por culpa del orgullo.

Por supuesto, dices que amas a tu familia, pero cuando tu hermano está en la obra de teatro del colegio, y tú odias las obras de teatro, ¿vas?

Lo mismo ocurre con las relaciones íntimas. ¿Sólo amas cuando es fácil? El verdadero amor requiere sacrificio y trabajo.

Se superan los momentos difíciles porque se les quiere y se comprende que toda pasión que se persiga tendrá baches en el camino. Por desgracia, mucha gente no entiende lo que significa tener pasión por alguien. Por eso los índices de divorcio son tan elevados y las familias suelen quedar destrozadas por los sentimientos heridos y el drama innecesario.

Seguir cualquier pasión requiere vulnerabilidad y trabajo. Pero se te promete que, al final, el resultado de esos esfuerzos será el más satisfactorio para tu vida.

4 cosas que debes saber para encontrar tu pasión

1. La pasión es lo que te gusta hacer: La pasión es una fuerte emoción o deseo por alguien o algo. Es lo que te gusta hacer, tal vez te pierdes en ello y el tiempo cesa, te

atrae instintivamente, te produce una gran satisfacción y/o es algo a lo que puedes dar un SÍ rotundo si te dan el tiempo y la oportunidad.

2. La pasión es energía: La pasión alimenta el fuego de la inspiración y nos abre las oportunidades y la motivación para atender las necesidades que nos rodean. Hay un poder que proviene de hacer lo que te entusiasma. Cuando haces lo que está alineado con lo que eres, obtienes energía de ello. Te sientes motivado para salir de la cama y perseguirlo y te da algo que esperar.

3. La pasión tiene que ver con la búsqueda, la perseverancia y la progresión (¡Acción!):

Las personas apasionadas HACEN lo que les gusta, su energía por ello los lleva a la acción. Persiguen su pasión de forma constante y tienen un fuerte nivel de compromiso. La persiguen con determinación, a pesar del dolor y el fracaso o la decepción, y siguen adelante.

¿Por qué? Lo más probable es que sea porque les encanta y no pueden imaginarse sin hacerlo o porque quieren alcanzar un objetivo, mejorar su rendimiento o buscan un resultado o impacto deseado. Añadir la perseverancia y el deseo de progresar a una búsqueda apasionada puede llevarte a la meta en vivo. No se puede: escribir un libro sin sentarse a escribir, correr una maratón sin entrenar o dirigir un negocio sin dedicarle tiempo. Estar dispuesto a poner el tiempo y la energía para "hacerlo realidad" es la clave.

4. La pasión puede llevarte a tu propósito: El propósito es estar alineado con quién eres y hacer las cosas para las que has sido llamado, dotado o creado de forma única. En mi opinión, el propósito es tomar esas cosas que amas (o tus pasiones), superponerlas con tus habilidades y talentos y tomar medidas para satisfacer una necesidad, proporcionar un servicio o perseguir una oportunidad. Perseguir tu pasión puede llevarte a tu objetivo y el resultado puede ser un mayor impacto en el mundo y la realización de ti mismo.

Ahora, respira hondo, porque estás a punto de descubrir tu pasión y tu propósito. Cuando te sientas preparado, pasa a la siguiente página y comencemos este viaje de autodescubrimiento.

1

Encuentra tus creencias

LAS CREENCIAS SON juicios internos sobre uno mismo. Es la certeza de lo que uno cree que es verdadero o falso. La creencia es algo así como la moral, arraigada en lo más profundo de uno mismo. Una creencia es mental, espiritual y sentimental. Lo que crees motiva tus acciones y te impulsa hacia tus ambiciones. Por ejemplo, creer en una causa te hará querer defenderla.

Si crees en una religión, juras por ella. Si crees en ciertas personas, las apoyas. Creer es actuar.

¿Te suena esto? ¿Crees en ti mismo? Este libro está aquí para ayudarte a llegar a donde necesitas estar.

Empezaremos por abordar esas creencias limitantes que todos tenemos.

. . .

Averiguando qué es lo que te hace sentir impotente para tener éxito, podrás empezar a trabajar en lo que te hará sentirte impulsado hacia la vida. Es hora de recuperar el control y creer que te mereces algo mejor.

Sustituir las creencias limitantes: Las creencias autolimitantes pueden obstaculizar tu felicidad y vivir la vida que quieres y mereces. Vamos a repasar algunas creencias limitantes comunes que pueden impedirte perseguir lo que realmente quieres, y cómo sustituirlas introduciendo nuevas creencias que te sitúen en un camino más positivo.

1. "No soy único". Nueva creencia: soy único porque estoy a cargo de mi vida. A menudo, nuestra mente nos dice cosas negativas que no deberíamos creer. Si tenemos una baja autoestima, tendemos a pensar en estos pensamientos negativos. Entiende que tú eres único. Cuando creemos que no somos únicos en nuestra mente, normalmente estamos comparando nuestra vida con la de los demás. Combate estos pensamientos con el conocimiento de que tu vida es tuya para vivirla, de nadie más. Agradece lo que tienes ahora y entiende que siempre hay una forma

positiva de ver los resultados más negativos. Recuerda que nadie es tu jefe y que tú eres el que manda. Estos ejemplos te permitirán aclarar tu mente. He aquí algunas preguntas que debes hacerte: ¿Soy una persona amable? ¿Soy empático? ¿Soy un buen oyente? ¿Me esfuerzo por hacer el bien a los demás? ¿Tengo objetivos y aspiraciones? Si has respondido afirmativamente a alguna de estas preguntas o a todas ellas, bueno, amigo mío, esto es una prueba de que eres único, y deberías escuchar estas respuestas que gritan en tu mente.

2. "No sé lo que quiero". Nueva creencia: Soy el producto de mi entorno; yo escojo tomar las oportunidades para hacer mi propia realidad. Cuando aceptas el cambio, es menos probable que la preocupación controle tu mente. No tengo que saber mi destino, sólo la dirección que quiero tomar. Empieza por lo pequeño y construye una escalera sobre cómo llegar a donde necesitas estar. Trabaja en aprender a disciplinarte, en habilidades de comunicación, en tácticas de negociación, en técnicas de persuasión, en estar saludable a través del ejercicio, y aprende a ser flexible con tus horarios. Estas cosas son habilidades universales que se necesitan para encontrar la pasión.

3. "No tengo tiempo". Nueva creencia: Nada es

permanente; nunca es demasiado tarde. Cuando quieres lo que quieres con la suficiente intensidad, harás cualquier cosa para conseguirlo. Es así de sencillo. Vivir un día a la vez, y hacer algo hacia tu objetivo cada día es el primer paso para superar el pensar demasiado. Deja de centrarte en la cantidad de tiempo que tienes, sino en la cantidad de tiempo que podrías ganar, y eso cambiará por completo la forma en que utilizas el tiempo limitado que tienes.

4. "Tengo que arreglar o cambiar esto o aquello antes de conseguirlo x cosa". Nueva creencia: El pasado puede ser evaluado y remodelado. Esta creencia limitante es la que nos hace procrastinar aunque sepamos lo que necesitamos o lo que queremos. Si crees que las cosas tienen que cambiar primero antes de completar algo más, entrarás en un ciclo de procrastinación. Sólo hace falta un momento para cambiar las cosas. Un pensamiento y una acción para hacer algo diferente pueden marcar la diferencia. Si te esfuerzas por ser productivo y dar pasos hacia tus objetivos una vez al día, o incluso una vez a la semana, es suficiente para hacer realidad lo que quieres.

5. "No soy lo suficientemente bueno". Nueva creencia: No es personal. Cuando nuestra

mente saca lo mejor de nosotros, llegamos a creer que no somos lo suficientemente buenos. Los pensamientos negativos son unos mentirosos convincentes y se aprovechan de las más escasas migajas de evidencia para apoyar la idea de que no eres lo suficientemente bueno. Si alguien tiene un mal día y te hace creer esta limitación, no te lo tomes como algo personal. Tu vida es tuya para vivirla. Tú tienes el control de tus pensamientos, acciones, creencias, motivaciones, aspiraciones, objetivos y pasiones, etc.

6. "Es demasiado tarde para cambiar/ Perseguir mis sueños". Nueva creencia: Tengo todo lo que necesito dentro de mí; nunca es demasiado tarde. El camino hacia el éxito es revivir tus experiencias pasadas y aprender de ellas. Comprende que tienes todo lo que necesitas y confía en que estás preparado para tomar las riendas de tu futuro. Dite a ti mismo que tienes la suficiente confianza para alcanzar tus sueños. Sigue adelante y no busques la aprobación de los demás.

7. "Tengo demasiadas responsabilidades". Nueva creencia: Puedo manejar cualquier cosa cuando me lo propongo. El trabajo duro da sus frutos cuando se sigue intentando. ¿Tienes

hijos? ¿Un trabajo? ¿Un matrimonio? Como se ha dicho antes, el día tiene 24 horas, y la mayoría de los adultos pueden vivir con unas seis horas y media de sueño. Aprende a gestionar tu tiempo de forma eficaz y saca el máximo partido a lo que buscas. Proponte lo que quieras y añádelo a tu lista de responsabilidades. Cree en ti mismo y en tu capacidad para gestionar todas las responsabilidades y tendrás éxito.

8. "No puedo perseguir mis sueños porque puedo fracasar". Nueva creencia: El fracaso es el éxito que aún no ha ocurrido. Cuando fracasamos, aprendemos lo que no debemos hacer de nuevo. El fracaso nos hace intentar hacerlo mejor la próxima vez. Una vez más, como se indica en la primera creencia limitante, hay que hacerse esas mismas preguntas. ¿Qué puedo aprender? ¿Qué puedo sacar de esta situación? ¿Me estoy comparando con otros? Comprende que eres único y que hay más cosas buenas que malas en ti. Veamos el ejemplo de Paola. En muchas ocasiones ella ha querido renunciar a sus sueños de convertirse en empresaria y, antes de eso, en entrenadora personal. Fuera de forma después de años detrás de un escritorio, pensó que la lucha para convertirse en una entrenadora personal estaba perdida incluso

antes de subir al ring, pero tuvo la suerte de tener un gran entrenador de vida en su esquina animándole. Eso es lo que este libro ha venido a hacer por ti.

Lo que hemos aprendido:

Las creencias autolimitantes pueden impedirte buscar la felicidad y vivir la vida que realmente deseas.

Nuestros días pueden estar llenos de pensamientos negativos sobre nosotros mismos, si lo permitimos. Solo si lo permitimos.

Cada pensamiento negativo que tengas puede ser contrarrestado con un pensamiento opuesto, que probablemente sea mucho más verdadero, pero definitivamente mucho más positivo.

Siempre existe la tentación de procrastinar y los seres humanos son muy buenos para encontrar razones para hacerlo.

Nos decimos a nosotros mismos que no tenemos suficiente tiempo, o que tenemos que hacer otras cosas primero. Haz el tiempo, hazlo posible.

Una de las grandes cosas de las personas es que tenemos la capacidad de cambiar, no importa la edad que tengamos. Podemos cambiar y podemos aprender cosas nuevas. No dejes de soñar porque creas que es demasiado tarde para ti.

El fracaso nunca es el final de la historia, porque eres fuerte y no eres el tipo de persona que va a abandonar a la primera señal de problemas.

Preguntas para hacerte a ti mismo: Apunta en tu cuaderno de ejercicios las respuestas de las siguientes preguntas.

- Para mí, ¿cómo es una vida apasionada?
- Cuando viva una apasionada, ¿Cómo me sentiré?
- ¿Cuáles son las creencias limitantes que tengo?
- ¿Qué me está deteniendo de lograr lo que quiero?

Ahora ya sabes cómo encontrar tus creencias limitantes y cómo reemplazar esas creencias negativas con positivas; ahora, en el próximo capítulo empezaremos la búsqueda para encontrar tu ikigai.

2

Introducción al Ikigai

La palabra "ikigai" es una palabra japonesa que significa "una razón de ser". Si lo traducimos al español, es palabras más cercanas, significa: cosas por las que vives, o la razón por la que te levantas por la mañana. El ikigai es específico de nuestras vidas, valores y creencias. Las actividades que implican ikigai se realizan de buena fe, y el sentimiento te da una sensación satisfactoria de propósito.

El origen de la palabra ikigai se remonta al periodo Heian (794 a 1185).

El psicólogo clínico y ávido experto en la evolución del ikigai, Akihiro Hasegawa, publicó un artículo de investigación en 2001 en el que escribía que la palabra "gai" proviene de la palabra "kai", que se traduce como "concha" en japonés.

Durante el periodo Heian, las conchas eran extremadamente valiosas, por lo que la asociación de valor sigue siendo inherente a esta palabra. También puede verse en palabras japonesas similares como hatarakigai, (働きがい) que significa el valor del trabajo, o yarigai ~ga aru (やり甲斐がある), que significa "vale la pena hacerlo".

Ikigai es lo que te hace levantarte cada mañana y te hace seguir adelante.

Gai es la clave para encontrar tu propósito, o valor en la vida.

La mejor manera de encapsular la ideología general del ikigai es observar el diagrama de Venn del ikigai, que muestra las cuatro cualidades principales que se superponen: para qué eres bueno, qué necesita el mundo, por qué te pueden pagar y, por supuesto, qué te gusta.

¿Por qué el ikigai es importante? Muchos sociólogos, científicos y periodistas han investigado y formulado hipótesis sobre la utilidad y la verdad de este particular fenómeno, y han llegado a varias conclusiones muy interesantes. Una teoría en particular es que el ikigai puede hacer que vivas más tiempo y con más dirección.

En septiembre de 2017, el popular programa de televisión japonés Takeshi no katei no igaku se asoció con un grupo de científicos para llevar a cabo una investigación en la pequeña ciudad de Kyotango, en Kioto, un lugar que se enorgullece de tener una población que tiene tres veces más residentes mayores de 100 años en comparación con la media del resto del país.

El programa quería saber qué puntos en común tenían estos ancianos felices en su vida diaria, por lo que siguieron a siete personas de entre 90 y 100 años desde la mañana hasta el amanecer, haciéndoles análisis de sangre y otros controles de salud.

Lo que encontraron interesante fue que las siete personas tenían cifras excepcionalmente altas de DHEA, una hormona esteroide segregada por las glándulas suprarrenales que muchos creen que puede ser la milagrosa "hormona de la longevidad".

· · ·

Curiosamente, a medida que el programa seguía a esos hombres y mujeres, descubrieron una única cosa que todos tenían en común: un pasatiempo que practicaban a diario y al que estaban muy enganchados. Se vio a una mujer de casi 90 años que pasaba unas horas diarias tallando máscaras tradicionales japonesas, a otro hombre que pintaba y a otro que iba a pescar a diario.

Aunque la correlación entre tener una afición que te guste y el aumento de la DHEA aún no se ha demostrado científicamente, el programa sugirió que tener esta única cosa que te mantiene interesado, centrado y te da una sensación de satisfacción en la vida puede aumentar tu hormona juvenil DHEA, lo que conduce a una vida más larga y feliz.

¿Dónde se practica el ikigai? Okinawa, la isla meridional de Japón continental, alberga uno de los mayores porcentajes de centenarios por población.

Okinawa es también un semillero de la ideología del ikigai. Aquí, el clima templado, la dieta saludable y el bajo nivel de estrés también son factores, pero es la población activa de la isla, formada por residentes que no se jubilan y que tienen un propósito, lo que la relaciona con otras comunidades longevas de Cerdeña (Italia) e Icaria (Grecia).

En 2010, el escritor Dan Buettner publicó un libro titulado Blue Zones: Lessons on Living Longer from the People Who've Lived the Longest (Lecciones para vivir más tiempo de la gente que más ha vivido), en el que estudiaba las zonas del mundo que albergan a los residentes más longevos (incluida Okinawa).

Lo que descubrió fue que, aunque tengan una palabra diferente para ello, el ikigai, o tener un "propósito en la vida" era un fuerte vínculo de unión.

Si puedes encontrar placer y satisfacción en lo que haces y eres bueno en ello, enhorabuena, has encontrado tu ikigai".

Héctor García, escritor que ha publicado varios libros sobre esta teoría, entre ellos Ikigai: El secreto de una vida larga y feliz, publicado en inglés el año pasado, cree, sin embargo, que este ikigai no debería estar vinculado sólo a las personas mayores. De hecho, actualmente es más popular que nunca entre los jóvenes, tanto dentro como fuera de Japón.

· · ·

"Descubrimos [al publicar el libro que] una de las claves de su éxito es el momento en que se utiliza la palabra 'ikigai'". Sostiene que está ganando más adeptos ahora, justo cuando la gente lo necesita, "especialmente en las generaciones más jóvenes que buscan más sentido a sus vidas".

Encontrar tu ikigai: Encontrar tu ikigai puede ser una tarea intimidante. Tienes que descubrir en qué estás destinado a convertirte. Tienes que creer que algo es tu propósito en la vida porque te apasiona. Veamos el ejemplo de Jorge. A Jorge, por ejemplo, le apasiona el esquí, el buceo y la escalada. Su pasión es enseñar y motivar a la gente, y como entrenador de vida y empresario, su ikigai y su verdadero propósito es ayudar a la gente. Si no sabes o no has encontrado tu ikigai todavía, no pasa nada porque no mucha gente conoce su ikigai, y este libro está aquí para ayudarte. El ikigai se divide en cuatro elementos. Veámoslo más de cerca.

- Lo que AMAS hacer (tu devoción).
- Lo que EL MUNDO NECESITA que sea diferente y dinámico (tu objetivo).
- Lo que eres BUENO HACIENDO, tus hobbies e intereses (tu vocación).
- Lo que haga que te PAGUEN que te vuelva feliz y satisfecho (tu carrera).

Cuando todo lo anterior se alinee perfectamente,

encontrarás tu ikigai aquí. Cuando esto ocurra, la plenitud, la longevidad y la verdadera felicidad estarán en tu interior y en tu alma.

La palabra "ikigai" es una referencia a los estados espirituales y mentales que hay detrás de nuestras circunstancias, en contraposición a nuestra situación económica. Mientras estemos avanzando hacia nuestro propósito, no importa si estamos atravesando una época oscura en nuestras vidas porque seguimos experimentando el ikigai. El ikigai no son las expectativas forzadas del mundo que nos rodea; son las acciones naturales que surgen de una profunda conexión con la vida las que crean el sentimiento de ikigai.

Cómo tomar provecho de tu ikigai: Hay quien dice que encontrar tu ikigai es lo que te hace vivir más tiempo. Esta definición tiene sentido, ya que la felicidad es un hecho probado para llevar una vida sana, mientras que el estrés acorta nuestra vida. Si eres como una persona plena y quieres alcanzar la grandeza, ser feliz y encontrar un propósito en ti mismo y en tu vida, entonces encontrar tu ikigai es la clave.

Aquí hay cuatro sugerencias que te ayudarán a encontrar tu ikigai más rápido:

. . .

1. Encontrar el sentido o un rol en el que tú creas firme-
mente. El primer paso para entender y encontrar tu ikigai
es mirar más allá de ti mismo. Esto significa mirar tus
experiencias de vida pasadas y aprender de las lecciones
que puedes sacar de cada escenario o situación. Mira
dentro de ti cuando estés solo, o en un entorno tranquilo
y silencioso, y reflexiona sobre ti mismo, tu historia y tus
sentimientos. Encontrar un propósito o creer en algo que
te importe de verdad te ayudará a ser ambicioso con tus
objetivos y te hará superar los momentos difíciles.

2. No pienses. Sólo hazlo. Deja de pensar en cuándo va a
ser el momento adecuado, o cuál es el momento idóneo
para empezar. Si tienes muchas pasiones y deseos, nunca
es demasiado tarde para empezar. Cada pequeño paso
hacia la realización de tu objetivo y tu pasión cuenta. Por
ejemplo, Steve Jobs fundó Apple con 21 años, y Elon
Musk se volvió director general de Tesla a los 37 años.
Ambos trabajaron para alcanzar su pasión intentando y
completando pequeños pasos para llegar a ella, sin
importar su edad. Empieza a encontrar tu verdadera
pasión reduciéndola a una o dos principales, y sigue
dando pasos para cumplirlas durante algún tiempo. Al
hacer esto, te ayudará a decidir si eso es lo que quieres
hacer.

. . .

3. Rodéate con gente que tenga intereses similares a los tuyos. Al rodearte de personas que comparten los mismos intereses que tú, te encontrarás compartiendo ideas y aprendiendo de los errores que puedan haber cometido. Pueden surgir oportunidades para ti, que te ayudarán a averiguar si esta pasión que te interesa es adecuada para ti. Ten en cuenta que alcanzar tu verdadero potencial no va a suceder de la noche a la mañana, así que ten paciencia.

4. Acepta el fracaso como parte del proceso Los reveses son una parte normal de la vida. Nos ayudan a darnos cuenta de nuestros errores y nos dan fuerzas para hacerlo mejor la próxima vez que nos enfrentemos a un problema similar. Algunos contratiempos pueden ser el resultado de la falta de apoyo, de que tus ideas sean juzgadas, de que no recibas ayuda financiera, etc. Estos contratiempos son pasos que nos ayudan a hacernos más fuertes a la hora de encontrar nuestra pasión.

3 ejemplos de vivir según el ikigai: El famoso chef de sushi japonés Hiroki Sato es un buen ejemplo de ikigai, concebido como la devoción a una actividad que aporta una sensación de plenitud o logro.

. . .

El chef Sato ha dedicado su vida a innovar y perfeccionar las técnicas de elaboración de sushi. Dirige un pequeño y exclusivo restaurante de sushi de 10 plazas en Tokio (Japón).

El chef Sato ha conseguido la máxima calificación de la guía de restaurantes Michelin, tres estrellas, y está considerado como el chef de sushi más consumado del mundo. En Jiro Dreams of Sushi, el premiado documental sobre su vida y su trabajo, el chef Sato afirma:

"Tienes que enamorarte de tu trabajo... dedicar tu vida a dominar tu habilidad... Seguiré intentando llegar a la cima, pero nadie sabe dónde está la cima".

Esta es una buena ilustración del ikigai como devoción a lo que uno ama, un esfuerzo hacia la maestría y el logro, y un viaje interminable que también aporta una sensación de plenitud.

Curiosamente, el chef Sato no sólo se encarga de la preparación del sushi en su restaurante. Debido a su pequeño tamaño y a su disposición abierta, puede observar de cerca la degustación y las reacciones de sus clientes a la comida y es conocido por modificar el sushi en función de dichas reacciones.

. . .

Se podría decir que el ikigai del chef Sato consiste en buscar la excelencia en la preparación del sushi y compartirla con los amantes del sushi y la buena mesa.

Otras personas de las que se puede decir que ejemplifican la búsqueda del ikigai son la mundialmente famosa primatóloga Jane Goodall.

Goodall se apasionó por los animales, y especialmente por los primates, desde una edad temprana. A los 20 años, persiguió su pasión por los primates escribiendo al antropólogo Louis Leakey. Leakey pensó que el estudio de los grandes simios actuales proporcionaría pistas sobre el comportamiento de su principal interés: los primeros ancestros humanos.

Con la ayuda de Leakey, Goodall comenzó su estudio de los simios en la naturaleza. Se convirtió en una experta en trabajar estrechamente con los simios, documentando su inteligencia y sus interacciones sociales.

También se convirtió en una defensora de los derechos de los animales que ha ayudado a salvar a los simios y otros animales de experimentos dañinos y de la destrucción de sus hábitats.

. . .

De este modo, Goodall ha perseguido su pasión, se ha convertido en una experta en este campo, ha cubierto la necesidad mundial de conocimiento/protección de los primates y se ha ganado la vida publicando libros sobre el comportamiento de los simios y ganando honorarios por dar conferencias.

Se podría decir que el centro de su ikigai es conectar con los grandes simios, aprender sobre ellos y defenderlos, y a través de esta conexión, vincularse de forma positiva con todos los seres vivos.

Otro ejemplo de alguien que ha encontrado su ikigai, o el propósito de su vida, es el surfista y defensor de la vida silvestre John Mitchell. Mitchell es un surfista "libre" muy aclamado, con generosos patrocinios pero sin participar en concursos. Fundó Surfers for Cetaceans, una organización dedicada a la protección de los cetáceos (delfines, marsopas y ballenas) y de toda la vida marina.

Gracias a su amor por el surf y el océano, Mitchell llegó a admirar a los numerosos delfines que venían a cabalgar las olas con él en Byron Bay (Australia).

. . .

Mitchell ha experimentado claramente un tipo particular de flujo con su surf. A través de él, llegó a apreciar la vida de los cetáceos en particular.

Se podría decir que su ikigai reside en la búsqueda de estados de flujo en el surf y en asegurar que otras criaturas vivas, como los cetáceos, puedan experimentar sus propios estados de flujo, en lugar de ser cazados, mantenidos en acuarios o atrapados en redes de pesca.

Lo que hemos aprendido:

Ikigai significa una razón de ser. En otras palabras, significa las cosas por las que uno vive o la razón por la que se levanta por la mañana.

Ikigai es la combinación de pasión, misión, profesión y vocación. Cuando estos cuatro elementos se combinan, la superposición constituye tu ikigai, tu razón de ser.

Para encontrar tu ikigai, tienes que encontrar lo que te gusta, lo que se te da bien, lo que el mundo necesita y por lo que te pueden pagar.

. . .

Descubrir tu ikigai te dará un mayor enfoque en tu vida y te dará un nuevo sentido de dirección, quizás el impulso que necesitas para cambiar tu vida a mejor.

La importancia de reconocer qué tienen que ver tus creencias con tu ikigai.

Se dice que descubrir el propio ikigai contribuye a una vida con menos estrés y más pasión. Dos de los componentes necesarios para una vida más larga y feliz.

¿Qué es lo que te apasiona? No siempre lo sabemos y, si no lo sabes, puede que no sea algo que hayas encontrado antes. Puede que tengas que buscar más allá para descubrir cuál es tu pasión. Por supuesto, fíjate en tus experiencias pasadas y en lo que ya conoces, pero no te cortes a la hora de probar cosas nuevas.

Si esperas el momento perfecto para hacer algo, nunca lo harás. Nunca hay un momento perfecto para nada, todos sacamos lo mejor que podemos de cualquier situación. No te reprimas, si quieres hacer algo, hazlo.

. . .

Si te interesa algo, tienes que rodearte de gente con intereses similares. El fracaso no es algo de lo que haya que avergonzarse, intenta aceptarlo como una herramienta de aprendizaje, en lugar de como algo que hay que evitar. Aprendemos cometiendo errores.

Preguntas para hacerte a ti mismo: toma una pluma y papel y escribe tus respuestas.

- ¿Qué es lo que más me gusta hacer?
- ¿Cuál es el top tres de hobbies que tengo?
- ¿Qué es en lo que más he destacado?
- ¿Cuáles son las causas que más apoyo activamente?
- ¿Haciendo qué cosa la gente me pagaría?
- ¿Cuáles son las personas con las que puedo compartir mis intereses?
- ¿Estoy haciendo lo que el mundo necesita?

Una vez más, tómate un momento para escribir las respuestas a las preguntas. Además, anota algunas pasiones y deseos que tengas, luego minimiza esa lista y descubre dos o tres que realmente te creen una emoción en tu interior. Déjate llevar por estas notas durante unos días y deja que lo que venga a tu mente fluya de forma natural a través de tus pensamientos. En un par de días, vuelve a esta lista y vuelve a evaluarla.

. . .

Una vez que encuentres tu ikigai, debes preguntarte quién eres. En el próximo capítulo, profundizaremos en esta cuestión.

3

Conoce tu tipo de personalidad

La definición de personalidad es la combinación de cualidades que conforman el carácter de una persona.

Este capítulo trata acerca de los tipos de personalidad y cómo encontrar el tuyo.

Hay un montón de tests en línea que puedes hacer para averiguar qué tipo de personalidad tienes. Lo que hay que hacer es encontrar el correcto, que es casi 100% preciso. Puedes hacer el "Test de los Cinco Grandes de la Personalidad" para hacerte una idea aproximada de quién eres, pero nada te resuelve tanto como el test del indicador de tipo Myer-Briggs.

Según este indicador, hay 16 tipos diferentes de personalidades, y vamos a hablar de cada uno de ellos.

. . .

¿Por qué necesitas averiguar exactamente qué tipo de persona eres? Bueno, ayuda mucho a conocerte a ti mismo para encontrar tu pasión. Tu tipo de personalidad te ayudará a entender qué trabajo te conviene más y por qué serás feliz haciendo eso como carrera.

El indicador de tipo Myers-Briggs (MBTI): Isabel Myers y su madre, Katherine Briggs, crearon un estudio en la década de 1940 que analizaba las distintas personalidades de las personas. Investigaron mucho y estudiaron a las personas durante dos décadas y sus resultados concluyeron que había dieciséis tipos de personalidad diferentes. Su teoría era que si alguien sabía qué tipo de personalidad era, le ayudaría a entenderse mejor a sí mismo para poder vivir una vida plena.

El test se compone de ocho características que informan de cuáles son los tipos de personalidad. Estas características son: Extraversión (E) - Introversión, (I) Sensibilidad (S) - Intuición (N), Pensamiento (T) - Sentimiento (F), Juicio (J) - Percepción (P).

Veamos ahora cada uno de los pares:

. . .

1- Extraversión - Introversión: El primer par de características representa la fuente y la dirección de la expresión energética de una persona. Es realmente sencillo.

La fuente de energía de un extravertido se encuentra principalmente en el mundo exterior, mientras que un introvertido tiene una fuente de energía en su mundo interior.

2- Sensibilidad - Intuición: El segundo par representa el tipo de información que tú procesas. Ser sensible significa que una persona cree principalmente en la información recibida del mundo exterior. Por lo tanto, si tu preferencia es ser sensible, es probable que prefieras ocuparte de los hechos, de lo que sabes, o describir lo que ves. Por otro lado, la Intuición significa que una persona cree principalmente en la información recibida del mundo interno. Este tipo de persona prefiere tratar con ideas, nuevas posibilidades o cosas más bien desconocidas.

3- Pensamiento - Sentimiento: El tercer par representa cómo una persona procesa la información. En pocas palabras, se trata de cómo una persona toma decisiones. Pensar significa que una persona toma una decisión principalmente a través de la lógica. Por lo tanto, tomará una decisión basada en la lógica objetiva, utilizando un enfoque analítico y desapegado. Sentir significa que una persona toma una decisión basada en la emoción. Las personas que pertenecen al tipo de sentimiento tomarán una decisión basándose en lo que creen que deben hacer, o en lo que creen que es importante.

Juicio - Percepción: El último par refleja cómo una persona pone en práctica la información que ha procesado. Juzgar significa que una persona organiza todos los acontecimientos de su vida y, por regla general, se ciñe a sus planes. Prefieren que todo esté bien planificado y estructurado. Percibir significa que la persona tiende a improvisar y a explorar opciones. Por lo general, prefieren dejarse llevar por la corriente, mantener la flexibilidad y responder a las cosas según vayan surgiendo.

Las cuatro características se convierten en un código de 16 letras diferentes para distinguir los tipos.

Los 16 tipos de personalidad: A continuación se presentará una visión general de los dieciséis tipos de personalidad.

INTJ - El arquitecto: Pensadores originales, analíticos y estratégicos. Los INTJ tienen la capacidad de convertir teorías abstractas en planes sólidos. Valoran el conocimiento y la competencia, y se dejan llevar por sus visiones. Pueden ser exigentes cuando se trata de su propio desempeño o el de otros, y eso los convierte en líderes naturales. Los INTJ están orientados a las tareas y trabajan intensamente para convertir sus visiones en realidades.

INTP - El lógico: Pensadores innovadores, lógicos y creativos. Los INTP tienen una sed insaciable de conocimiento y pueden entusiasmarse mucho con las teorías e ideas. Valoran el conocimiento, la competencia y la lógica.

Los INTP quieren dar sentido al mundo, y naturalmente cuestionan y critican las ideas mientras se esfuerzan por comprenderlas.

ENTJ - El comandante: Líderes asertivos, audaces y estratégicos, los ENTJ se sienten impulsados a liderar.

Para los ENTJ la fuerza motriz de sus vidas es su necesidad de analizar y poner en orden el mundo exterior de los acontecimientos. Valoran el conocimiento y la competencia, y tienen una excelente capacidad para comprender los problemas organizativos difíciles.

Prefieren un mundo estructurado y organizado, y destacan en el razonamiento lógico.

ENTP - El debatiente: Pensadores curiosos y creativos, los ENTP se emocionan por ideas frescas, nuevas personas o actividades novedosas. Estos pensadores disfrutan los debates, ya que estos les ayudan a encontrar patrones y sentido en el mundo.

Los ENTP son personas energéticas y entusiastas que llevan vidas espontáneas.

INFJ - El defensor: Idealistas silenciosos, originales y sensitivos, los INFJ prestan atención a las posibilidades e ideas del mundo interior. Son extremadamente intuitivos, y regularmente manifiestan una preocupación profunda por las personas y las relaciones.

INFP - El mediador: Idealistas silenciosos y reflexivos, los INFP tienen bien desarrollado su sistema de valores y se esfuerzan a vivir de acuerdo en este. Son idealistas, y siempre miran hacia hacer de este mundo un lugar mejor. Son de mente abierta y no son juiciosas, pero reaccionarán a alguna violación de sus creencias.

ENFJ - El protagonista: Líderes carismáticos e inspiradores, con un excelente don para tratar y relacionarse con las personas. Los ENFJ se centran en ayudar a las personas a aprender y crecer. Lo ven todo desde el punto de vista humano y eso les convierte en mentores naturales. A veces, incluso pueden anteponer las necesidades de los demás a las suyas propias.

ENFP - El activista: Espíritus creativos y entusiastas, quienes piensan que encontrar la felicidad es su misión. Tienen un gran don para tratar y relacionarse con las personas y acogen las relaciones con profundidad e intensidad emocional. Los ENFP suelen tener una amplia gama de intereses y habilidades, y pueden entusiasmarse con nuevas ideas.

ISTJ - El Logístico: Los ISTJ son personas prácticas, constantes y fiables. Bien organizados y trabajadores, trabajan con constancia para conseguir sus objetivos.

Los ISTJ suelen ser convencionales y prefieren los hechos probados a las ideas y los resúmenes o las teorías no probadas. Son extremadamente minuciosos, respondones y fiables.

ISFJ - El defensor: Dedicados y cálidos, los ISFJ siempre están dispuestos a defender o apoyar a sus seres queridos. Son extremadamente perceptivos de los sentimientos de los demás y suelen anteponer las necesidades de los demás a las suyas propias.

Se sienten seguros en las tradiciones y costumbres. Suelen ser muy humildes y mantienen un perfil bajo en todo momento.

ESTJ - El Ejecutivo: Práctico, tradicional y organizado. Saben dominar una situación y tomar las riendas para conseguir los resultados deseados. En otras palabras, son muy buenos para gestionar personas o situaciones. Siguen las reglas y cumplen las normas, y tienen una visión clara de cómo deben ser las cosas.

ESFJ - El Cónsul: Cordiales, sociables y organizados, a los ESFJ les encanta estar rodeados de gente y siempre están interesados en servir a los demás. Valoran las tradiciones y la seguridad, y tienen ideas bien definidas de cómo deben ser las cosas, por lo que a veces pueden ser juiciosos.

ISTP - El Virtuoso: Audaces, analíticos y prácticos, a los ISTP les gusta encontrar la lógica y el orden en la tecnología, por lo que suelen ser buenos con las cosas mecánicas. Son un poco complicados en sus deseos.

Les gusta entender la aplicación práctica de las cosas y cómo se pueden utilizar. Suelen disfrutar de los deportes extremos y las aventuras emocionantes.

ISFP - El aventurero: Artistas serios, sensibles y amables, los ISFP no juzgan y son tolerantes con la gente. No les gustan los conflictos, por lo que no suelen hacer nada que pueda resultar conflictivo. Son originales y creativos, y buscan la belleza estética. En lugar de ser un líder, los ISFP prefieren desempeñar un papel de apoyo.

ESTP - El emprendedor: Enérgicos, dominantes y orientados a la acción, los ESTP disfrutan de verdad viviendo al límite. Los ESTP prefieren "hacer" que cualquier otra cosa y se centran en los resultados inmediatos. Son aventureros que asumen riesgos y llevan un estilo de vida acelerado. Pueden aburrirse fácilmente cuando no están haciendo algo emocionante.

ESFP - El animador: Espontáneos, enérgicos y divertidos, los ESFP están orientados a la gente y son amantes de la diversión.

Les gusta ser el centro de atención en las situaciones sociales. Son muy entusiastas de la vida y hacen que las cosas sean más divertidas para los demás con su disfrute.

Ahora que has leído la lista completa de los 16 tipos de personalidad, estoy seguro de que tienes una idea más clara de los tipos de personalidad que existen. Espero que hayas podido hacer el test y descubrir cuál es tu propio tipo. Conocer tu tipo de personalidad es importante porque entenderte a ti mismo tiene un impacto significativo en lo que eres y en lo que quieres llegar a ser.

Todos los tipos son iguales: El objetivo de conocer el tipo de personalidad es comprender y apreciar las diferencias entre las personas. Como todos los tipos son iguales, no existe el mejor tipo.

El instrumento MBTI clasifica las preferencias y no mide los rasgos, la capacidad o el carácter.

. . .

El instrumento MBTI es diferente de muchos otros instrumentos psicológicos y también de otros tests de personalidad.

La mejor razón para elegir el instrumento MBTI para descubrir su tipo de personalidad es que cientos de estudios realizados en los últimos 40 años han demostrado que el instrumento es válido y fiable. En otras palabras, mide lo que dice que mide (validez) y produce los mismos resultados cuando se administra más de una vez (fiabilidad). Cuando quiera un perfil preciso de su tipo de personalidad, pregunte si el instrumento que piensa utilizar ha sido validado.

La teoría del tipo psicológico fue introducida en la década de 1920 por Carl G. Jung. La herramienta MBTI fue desarrollada en la década de 1940 por Isabel Briggs Myers y la investigación original se llevó a cabo en las décadas de 1940 y 1950. Esta investigación continúa, proporcionando a los usuarios información actualizada y nueva sobre el tipo psicológico y sus aplicaciones. Millones de personas en todo el mundo han realizado el Indicador cada año desde su primera publicación en 1962.

En qué se diferencia el MBTI de otros instrumentos:

En primer lugar, el MBTI no es realmente un "test". No hay respuestas correctas o incorrectas y un tipo no es mejor que otro. El propósito del indicador no es evaluar la salud mental ni ofrecer ningún tipo de diagnóstico.

Además, a diferencia de muchos otros tipos de evaluaciones psicológicas, sus resultados no se comparan con ninguna norma. En lugar de observar su puntuación en comparación con los resultados de otras personas, el objetivo del instrumento es simplemente ofrecer más información sobre su propia personalidad única.

Fiabilidad y validez: Según la Fundación Myers & Briggs, el MBTI cumple con los estándares aceptados de fiabilidad y validez. Sin embargo, otros estudios han encontrado que la fiabilidad y la validez del instrumento no se han demostrado adecuadamente.

Los estudios han encontrado que entre el 40% y el 75% de los encuestados reciben un resultado diferente después de completar el inventario por segunda vez.

Un libro de 1992 del Comité de Técnicas para la Mejora del Rendimiento Humano y el Consejo Nacional de Investigación sugiere que "no hay suficiente investigación bien diseñada para justificar el uso del MBTI en los programas de orientación profesional". Muchas de las pruebas actuales se basan en metodologías inadecuadas".

El principal problema de los psicólogos con el MBTI es la ciencia que lo respalda, o la falta de ella. En 1991, un comité de la Academia Nacional de Ciencias revisó los datos de la investigación del MBTI y observó "la problemática discrepancia entre los resultados de la investigación (la falta de valor demostrado) y la popularidad".

El MBTI nació de ideas propuestas antes de que la psicología fuera una ciencia empírica; esas ideas no se probaron antes de que la herramienta se convirtiera en un producto comercial. Pero los psicólogos modernos exigen que un test de personalidad pase por ciertos criterios para ser confiable. "En las ciencias sociales, utilizamos cuatro estándares: ¿Son las categorías fiables, válidas, independientes y completas?"

Algunas investigaciones sugieren que el MBTI no es fiable porque la misma persona puede obtener resultados diferentes al volver a realizar el test. Otros estudios han cuestionado la validez del MBTI, es decir, la capacidad del test para relacionar con precisión los "tipos" con los resultados en el mundo real; por ejemplo, el rendimiento de las personas clasificadas como un determinado tipo en un trabajo determinado.

· · ·

La empresa Myers-Briggs afirma que los estudios que desacreditan el MBTI son antiguos, pero sus resultados siguen perpetuando en los medios de comunicación.

Desde aquellas primeras críticas, la empresa dice que ha realizado su propia investigación para perfeccionar el test y evaluar su validez. "Cuando se analiza la validez del instrumento [el MBTI], es tan válido como cualquier otra evaluación de la personalidad", dijo a USA Today Suresh Balasubramanian, director general de la empresa.

Sin embargo, algunas de las limitaciones del test son inherentes a su diseño conceptual.

Una de las limitaciones son las categorías en blanco y negro del MBTI: Se es extrovertido o introvertido, se juzga o se siente. Esto es un defecto, porque la gente no cae limpiamente en dos categorías en cualquier dimensión de la personalidad; en cambio, la gente tiene muchos grados diferentes de la dimensión. Y, de hecho, la mayoría de las personas se acercan a la media, y relativamente pocas se sitúan en uno de los extremos". Al colocar a las personas en cajas ordenadas, estamos separando a personas que en realidad son más parecidas entre sí que diferentes".

. . .

El MBTI puede estar pasando por alto aún más matices al evaluar sólo cuatro aspectos de las diferencias de personalidad. Hace varias décadas, los investigadores de la personalidad habían determinado que había al menos cinco dimensiones principales de la personalidad, y pruebas más recientes han demostrado que hay seis. Una de esas dimensiones tiene que ver con lo honesto y humilde que es alguien frente a lo engañoso y engreído, y la otra dimensión tiene que ver con lo paciente y agradable frente a lo irascible y discutidor que es alguien.

No es del todo inútil: Algunos de los defectos del MBTI se derivan de la naturaleza compleja y desordenada de la personalidad humana. Las categorías ordenadas del MBTI hacen que la personalidad parezca más clara y estable de lo que realmente es, según David Pincus, profesor de psicología de la Universidad Chapman de California. Los psicólogos prefieren otras herramientas, como los Cinco Grandes, que evalúan la personalidad basándose en la posición de un individuo en el espectro de cinco rasgos: amabilidad, conciencia, extraversión, apertura a la experiencia y neuroticismo. Según los expertos, el modelo de los Cinco Grandes tiene un mejor historial de validación científica que el MBTI.

Sin embargo, el MBTI no es del todo inútil.

· · ·

Las personas se sienten atraídas por pruebas como el MBTI por el deseo de comprenderse a sí mismas y a los demás. Las cuatro dimensiones de las que se derivan los tipos del MBTI son útiles para describir la personalidad de las personas.

E incluso cuando los resultados del MBTI no coinciden del todo con tu intuición sobre ti mismo o simplemente son erróneos, pueden aportar información. Muchas personas que han realizado el MBTI han notado este efecto. Como escribió un antiguo empleado de Bridgewater Associates (un fondo de cobertura casi tan famoso por hacer que sus empleados se sometan a pruebas de personalidad como por sus 120.000 millones de dólares en activos) en Quartz, las etiquetas del MBTI nunca parecían describir completamente a una persona. En cambio, el valor real del test parecía estar en el esfuerzo por "reconciliar las diferencias entre lo que nos dicen los resultados del test y lo que sabemos que es cierto sobre nosotros mismos".

En este sentido, el MBTI puede servir como punto de partida para la autoexploración, al proporcionar a las personas una herramienta y un lenguaje para reflexionar sobre sí mismas y sobre los demás. El test es "un portal a una práctica elaborada de hablar y pensar sobre quién eres", escribió Merve Emre, profesora asociada de inglés en la Universidad de Oxford (Reino Unido), en "The Personality Brokers", una revisión de la historia del MBTI.

En última instancia, no es la etiqueta del MBTI, sino el poder de la introspección lo que impulsa los conocimientos y, a veces, alimenta la motivación para tomar medidas para cambiar la propia condición.

El MBTI en la actualidad: Debido a que el Indicador de Tipo de Personalidad Myers-Briggs es relativamente fácil de usar, se ha convertido en uno de los instrumentos psicológicos más populares que se utilizan actualmente. Aproximadamente dos millones de adultos estadounidenses completan el inventario cada año.

Aunque hay muchas versiones del MBTI disponibles en línea, hay que tener en cuenta que cualquiera de los cuestionarios informales que se pueden encontrar en Internet son sólo aproximaciones al verdadero.

El verdadero MBTI debe ser administrado por un profesional formado y cualificado que incluya un seguimiento de los resultados.

. . .

Hoy en día, el cuestionario puede administrarse en línea a través del editor del instrumento, CPP, Inc. e incluye la recepción de una interpretación profesional de sus resultados.

La versión actual del Indicador de Tipo Myers-Briggs incluye 93 preguntas de elección forzada en la versión norteamericana y 88 preguntas de elección forzada en la versión europea. Para cada pregunta, hay dos opciones diferentes entre las que el encuestado debe elegir.

Lo que hemos aprendido:

Es importante encontrar tu tipo de personalidad porque te ayudará a entenderte mejor a ti mismo.

Con un conocimiento más profundo de ti mismo estarás mejor equipado para descubrir qué tipo de trabajo y profesión te llevará a la felicidad y a un mayor éxito.

El Indicador de tipo Myers-Briggs afirma que existen dieciséis tipos de personalidad diferentes.

. . .

Hay ocho características que nos ayudan a determinar nuestros tipos de personalidad y están emparejadas.

Cada par constituye una categoría diferente: Extraversión - Introversión, Sensibilidad - Intuición, Pensar - Sentir, Juzgar - Percibir.

Hay dieciséis tipos de personalidad muy diferentes y distintos, por lo que es importante que determines cuál se aplica a ti.

Esto puede parecer una pérdida de tiempo, pero es necesario si quieres tener todas las herramientas para dar lo mejor de ti en este proceso.

Preguntas para hacerte a ti mismo:

- ¿Qué es lo que más me motiva o impulsa a tener éxito?
- ¿Cuáles son las cinco palabras que más me describen?
- ¿Qué me hace único?
- ¿Qué es lo que más valoro?
- ¿En qué miento? ¿Por qué?

- ¿Soy una persona que asume riesgos?
- ¿Soy una persona paciente?

Estas preguntas y sus respuestas te ayudarán a explorarte a un nivel más profundo. En el próximo capítulo, se te ayudará a encontrar lo que más te interesa y se te enseñará a utilizarlo en tu elección de carrera basada en tus pasiones.

4

Encuentra tu pasión

ENCONTRAR lo que realmente te interesa puede ayudarte a superar tu miedo a lo desconocido. Mucha gente no sabe dónde está su pasión, o en qué consiste la pasión. Uno de los primeros pasos es averiguar qué te impulsa, qué te interesa, cuáles son tus ambiciones y qué hace cantar a tu corazón.

Cuando pienses en la felicidad e imagines que el sentimiento brota de ti como una caja de sorpresas, pregúntate: "¿Cuándo fui feliz por última vez?". "¿Qué estaba haciendo?" "¿Dónde estaba?" Quizá fue cuando estabas con los niños o los ancianos. ¿Fue cuando saliste de la ciudad solo o con amigos cantando a pleno pulmón? ¿Fue un momento que pasaste con la familia? ¿O tal vez fue simplemente tomar un baño en la dicha de tu propio silencio? Cuando descubras qué es lo que te hace más feliz, podrás averiguar dónde están tus pasiones y los intereses que te motivan.

Cómo identificar y perseguir tus pasiones: Siendo un entrenador personal de vida, muchas personas han venido a mí y me han preguntado: "¿Por qué es que sobresalgo en el trabajo que estoy haciendo, pero simplemente no me gusta?" Esta es una pregunta que se escucha más veces de las que te puedes imaginar.

Hay una respuesta directa a esta pregunta. Somos buenos en muchas cosas, pero no tiene por qué gustarnos lo que hacemos bien. La razón por la que la mayoría de la gente es buena en su trabajo pero se siente miserable en lo que hace es que eligió una carrera con responsabilidades que no se ajustan a su personalidad. Están haciendo cosas que han aprendido a hacer pero no tienen habilidades naturales para hacerlas. Así que aquí tienes unos cuantos pasos para encontrar tus intereses y poder vivir una vida apasionada.

1- Recuerda lo que te hacía feliz cuando eras pequeño: Cuando recordamos cuáles eran nuestros intereses cuando éramos niños, podemos relacionarlos con lo que nos gusta hacer ahora. Antes de pensar en lo que vas a hacer, recuerda a qué te gustaba jugar. ¿Era salir con tus amigos al parque de la calle? ¿Era perseguir a un perro o a una mascota? ¿Te gustaba hablar por teléfono? ¿O contar historias alrededor de la hoguera? ¿Explorabas mucho? Sea lo que sea, es fundamental que vuelvas a ponerte en contacto con esos intereses naturales para aprender más sobre lo que puedes hacer con ellos. Ahora pregúntate lo siguiente. ¿Cuáles eran tus intereses en el pasado? ¿Son los mismos ahora?

Repasemos el ejemplo de la vida de Luisa. Luisa de pequeña era muy atenta, pensativa y callada. No tenía muchos amigos, pero los que tenía eran muy buenos.

Cuando estudiaba la primaria, en el primer grado, Luisa jugaba a los astronautas con sus amigos: ellos amaban ese juego. Mientras unos piloteaban la nave espacial, otros caminaban por Marte o cuidaban de que la misión siguiera su curso desde la tierra.

Creaban y recreaban diferentes escenas de acción o se ponían a discutir y a platicar como sería el espacio en la vida real: si ahí hay agua, si se puede respirar sin casco, si se pueden tener mascotas en el espacio, en fin, una infinidad de temas. Además de tener estas horas de juego, Luisa disfrutaba ampliamente de las clases de matemáticas. Ella creía que con las matemáticas podría entender más el mundo, incluso ese mundo espacial que tanto imaginaba con sus amigos.

Si bien Luisa, al crecer, no se volvió astronauta, sí se volvió ingeniera química. No es que no haya cumplido su sueño, sino que al crecer incorporó aspectos más amplios de su realidad y de su autoconocimiento y decidió que la ingeniería química era más para ella.

Pero la semilla de estas ansías de entender más el mundo, de curiosidad, imaginación, de interés por las matemáticas estuvo presente en su vida desde la niñez.

Aquella niña que quería entender más el mundo ya lo está haciendo.

Lo importante es que, no solamente recuerdes las vivencias de tu niñez, sino que lleves esas experiencias a tu presente.

2 - No pienses mucho aún en cuánto va a ser tu ganancia monetaria: Si el dinero no fuera una opción y todos viviéramos mediante trueques, o si el dinero no existiera, ¿cómo pasarías tu tiempo? ¿Estarías con sus hijos? ¿Viaja-

rías? ¿Serías investigador? ¿O ayudarías a tus vecinos convirtiéndote en un ciudadano amable? La cuestión es que si te centras en cuánto dinero vas a ganar en comparación con otros trabajos, probablemente te quedarás atascado haciendo lo que no te gusta.

Además, ten en cuenta que no solo de dinero subsiste el ser humano. Imagina las experiencias que tendrías al hacer lo que te apasiona, las personas y los lugares que podrás conocer, los conocimientos que podrás tener y la felicidad a tu alcance. Eso sí, Sé realista, si bien el dinero no lo es todo, sí es importante. Por eso es necesario que haga un balance entre un idealismo y un realismo: el justo medio será perfecto para que lleves a cabo los planes de tu vida de la mejor opción posible.

3- Pide consejo a tus amigos y familiares: Nadie nos conoce mejor que aquellos de los que nos rodeamos mientras crecemos. Busca la opinión y el apoyo de aquellos con los que te relacionas. Tus amigos y familiares te contarán historias y compartirán recuerdos sobre lo que te divertías haciendo. Aprovecha un día y llévalos a comer. Crear vínculos también es una gran habilidad para tener en cualquier escenario o interés.

Tus familiares y amigos quizás no sean expertos en los temas que te interesan, pero en lo que sí te pueden ayudar es compartiendo sus experiencias de vida. Tu padre también tuvo que pasar por un procedimiento muy parecido al tuyo: tuvo que prepararse, conseguir trabajo; seguramente ha sufrido ansiedades y pensamientos negativos muy parecidos a los tuyos. ¡Escúchale! de seguro tiene algo que decirte. Lo mismo con tu madre, abuelos y abuelas. Cada experiencia de vida es individual e incomparable, pero compartiendo puedes encontrar paralelismos y quizás otras experiencias te puedan ayudar en tu propia experiencia.

Algo similar pasa con las amistades.

La mayoría de las veces nuestros amigos tienen la misma edad que nosotros o una cercana. Es muy probable que estén viviendo una situación muy parecida a la tuya: acércate a ellos, dialoguen, ¡juntos quizás encuentran las respuestas o soluciones a sus propios problemas! Lo importante es el diálogo y la transparencia y honestidad en las relaciones.

4- Lee el catálogo de cursos de la universidad: Si sigues atascado y no tienes ni idea, prueba a echar un vistazo al catálogo de cursos. Si ves algo que despierta tu interés, investiga sobre el resultado final de trabajar realmente un día en la vida de este. Mientras lees el catálogo, pregúntate en qué te sentirías cómodo enseñando si lo supieras todo. Qué temas te asustan y cuáles te parecen demasiado fáciles. Una vez que encuentres un interés, habrás encontrado algo en lo que incursionar y ver si realmente te gusta.

En este paso es importante que no ahogues o pares tu imaginación. No te autolimites. Si una carrera te interesa, investígala, incluso si se te hace muy poco probable que llegues a incursionar en ella.

5- Descubre a tu héroe que te inspire: Pregúntate a quién admiras más en este mundo. ¿Es la cantante Nathy Peluso? ¿El presentador de un programa de entrevistas, Omar Chaparro? ¿Es tu dermatólogo? ¿Tal vez sea tu estilista? Sea lo que sea, o quien sea, una vez que lo encuentres, el siguiente paso es preguntarle cómo ha llegado a donde está. ¿Qué pasos han tenido que dar y, sobre todo, si les gusta lo que hacen?

Busca en internet entrevistas que le hayan hecho, revisa todo su material artístico o técnico, investiga que dice las otras personas sobre de ellos: es importante que te vuelvas cercano a esa figura heroica, aunque esta no tenga ninguna noticia de ti.

· · ·

Si no es posible ponerte en contacto con ellos, investiga lo que puedas sobre ellos. Busca cosas como hojas de datos y sobre la posición que ocupan tus ídolos. ¿Cómo han llegado hasta ahí? Una vez que recojas toda la información, pregúntate: "¿Cómo puedo relacionarme con esto?" y "¿Me veo en este campo?".

6- Piensa en lo que te gusta hacer y en lo que también eres bueno: Después de todo, concluye todos los datos que has recogido. Tras examinar detenidamente la información que te han proporcionado, piensa en lo que has aprendido. Limita tus búsquedas a las cosas que te gustan y te interesan. Escribe qué aficiones te gustan, ya sea jugar con animales, cuidar de los niños, hacer manualidades, hornear o inventar cosas.

Después, vuelve a reducir la búsqueda a las tres o cuatro cosas que más te interesan.

Para ayudarte en este último punto, te recomendamos que escribas las cosas que te gustan y te interesen en una hoja de papel. Haz la misma lista, pero ahora sobre las cosas que sabes hacer. Es importante que estas dos listas tengan una jerarquía. Mientras más te guste y te interese algo más arriba estará en la lista. Lo mismo con las cosas que sabes hacer.

. . .

Cuando termines tus dos listas, compara: ¿qué similitudes hay entre las dos listas? ¿Hay alguna cosa que esté hasta arriba en ambas listas? ¿cuál es y por qué?

Este recurso te ayudará como guía visual y organizacional de tus pensamientos e intereses.

Lo que hemos aprendido: Este capítulo ha sido corto, pero hemos aprendido lo siguiente dentro de los pasos para encontrar nuestros intereses:

La mayoría de nosotros, en algún momento de nuestra vida, acabamos haciendo algo para ganarnos la vida que no se corresponde con aquello para lo que estamos naturalmente orientados.

Para ganarnos la vida, aprendemos habilidades que necesitamos para hacer nuestro trabajo, pero eso no significa que seamos felices utilizándolas. Es natural que prefiramos utilizar nuestras habilidades e intereses naturales.

En el camino, es posible que hayas olvidado lo que te apasiona. Intenta recordar lo que te entusiasmaba de niño. Sí, el dinero es importante, pero no lo es todo.

. . .

No hagas que el dinero sea un factor cuando consideres tus pasiones.

Tus amigos y tu familia son los que mejor te conocen, así que pídeles su opinión sobre lo que creen que puede entusiasmarte.

Hojea el catálogo de cursos de la universidad para inspirarte. No te olvides de los cursos nocturnos, ¡nunca se sabe lo que puede llamar tu atención!

¿A quién admiras más? ¿Qué pasiones coinciden más con las tuyas? ¿Cómo lo han conseguido y qué consejos puedes tomar de su enfoque?

No te centres sólo en lo que se te da bien, sino también en algo que realmente disfrutes. Así que, ahora que hemos aprendido a encontrar tus intereses, voy a darte una serie de preguntas para que te hagas a ti mismo y puedas profundizar un poco más.

Preguntas para hacerte a ti mismo:

- Cuando era niño, ¿qué me gustaba?
- Cuando era más joven, ¿qué quería llegar a ser?
- Ahora mismo, ¿qué es lo que me entusiasma?
- ¿Pensando qué cosas pierdo la noción del tiempo?
- ¿Sobre qué me encanta leer, investigar o soñar despierto?
- ¿Qué es lo que más me divierte?
- Si pudiera hacer una cosa durante el resto de mi vida, ¿qué sería?
- ¿Me encantaría? ¿Con qué facilidad me aburriría? Si no existiera el dinero, ¿qué haría con mi tiempo?

Ahora que hemos hablado de lo que te interesa, es el momento de profundizar en las oportunidades de lo que te hace grande. Es el momento de preguntarte qué es lo que te esfuerzas en hacer y qué te hace bueno haciendo esas cosas.

5

¿En qué eres bueno?

¿EN QUÉ SOY BUENO? Esta es una pregunta que se hace la mayoría de la gente. Después de vivir una vida llena de experiencias y analizar lo que nos hace felices y lo que nos entristece, uno cree que lo sabría. Pero encontrar lo que se nos da bien no es tan sencillo. Requiere de mucha preparación previa. Es clave que trates de ser, sobre todo, amable contigo mismo.

Piénsalo: muchas personas tienen trabajos que odian porque no han encontrado su verdadera pasión. Son buenos en algunas cosas y eso es lo que hacen, pero no pueden decidir cuál es esa gran cosa que quieren hacer para siempre.

. . .

A muchas personas les costó años y mucha práctica ver en qué eran buenos. Tomemos el ejemplo de Jorge.

Cuando él fue consciente de que iba a ser padre por primera vez, Jorge supo que tenía que mantener a su nueva familia. También sabía que eso significaría ganar más dinero del que le permitía su trabajo de entrenador personal. Tenía ganas de probar a crear un nuevo negocio, algo que fuera suyo de principio a fin.

Así fue como se metió en el mundo del diseño. Probó a diseñar equipos de entrenamiento y una gama de ropa de entrenamiento. Incluso creó la marca de una nueva bebida energética que había creado. Sin embargo, todo esto no llegó a cuajar porque no se centraba en lo que realmente le apasionaba: ayudar a la gente.

La paternidad fue algo natural para Jorge, y este ni siquiera sabía que iba a ser bueno en ello antes de tener hijos. Además, los hijos no vienen con un manual de instrucciones, y se cometen muchos errores. Sin embargo, es bueno cometer errores porque no encontraremos lo que se nos da bien sin ellos.

Otra pregunta que deberías hacerte antes de descubrir en qué destacas es en qué no eres bueno. Averiguar tus puntos fuertes y débiles es el primer paso para descubrir lo que puedes y no puedes hacer. Una cosa es que te interese algo, pero si no se te da bien hacerlo, entonces te habrás preparado para una carrera decepcionante.

Encontrar tus puntos fuertes y débiles: Para identificar tus puntos fuertes y débiles, piensa en las actividades en las que más participas o que más te gustan.

Este ejercicio puede llevar unos días o incluso semanas, pero merece la pena el esfuerzo.

A continuación se te enseñará a encontrar tus puntos fuertes y débiles creando algunas listas, hablando con la gente y probando cosas nuevas. Empecemos por seguir estos tres sencillos pasos:

Paso 1: Haz dos listas de lo que amas hacer y de lo que odias hacer. Para saber en qué eres bueno, primero tienes que averiguar qué te gusta hacer. Así que empecemos por hacer una lista de estas cosas.

Piensa en lo que te gusta e igualmente en lo que no te gusta. En otras palabras, quiero que hagas dos listas: "lo que me gusta hacer" y "lo que odio hacer". Tómate tu tiempo y escribe todo lo que puedas.

. . .

La mayoría de las veces encontrarás tus puntos fuertes y débiles en estas dos listas, sin embargo, a veces lo que te gusta hacer no equivale necesariamente a lo que se te da bien. Tus puntos fuertes son aquellas cosas por las que la gente te felicita constantemente o por las que acude a ti para pedirte consejo. Por eso puede ser muy útil buscar la opinión de otros.

Paso 2: Habla con tus amigos o familiares. El ejercicio de Reflexión sobre el Mejor Yo (RBS) es una buena manera de ayudarte a descubrir cuáles son tus puntos fuertes y débiles. Para ello, enumera nombres de personas en todos los aspectos de tu vida. Esto incluye a amigos, familiares, colegas y antiguos profesores o maestros. El tipo de personas a las que pides consejo también es importante. Busca a alguien en quien puedas confiar y con quien puedas relacionarte.

Quieres hablar con alguien que sea honesto y que haya sido honesto contigo en el pasado. Una vez que hayas decidido a quién pedirle opinión, envíale un correo electrónico o un mensaje sobre tus puntos fuertes y débiles. Te sorprenderá lo útil que puede ser este sencillo ejercicio.

. . .

Paso 3: Experimenta cosas nuevas / Ve a la aventura.

El último paso es salir de tu zona de confort y explorar un poco más tu personalidad. Arriésgate y haz lo que no harías habitualmente. Para encontrar lo que se nos da bien, tenemos que hacer lo que creemos que se nos da bien. Pregúntate esto: ¿Cómo puedo encontrar mi pasión si no estoy dispuesto a salir y ser aventurero?

Como se explica en el primer capítulo, siempre hay tiempo.

Ahora que hemos descubierto cómo averiguar tus puntos fuertes y débiles, vamos a profundizar y ver qué podemos descubrir.

Descubre en qué eres bueno: Si has hecho los ejercicios de los capítulos anteriores, habrás hecho un test de personalidad y habrás descubierto en qué estás interesado. Las siguientes formas te ayudarán a encontrar lo que se te da bien. Empecemos.

1. Haz un test: Como acabamos de mencionar, lo primero que tienes que hacer es tomar un test de personalidad. Te recomiendo encarecidamente que te tomes unos minutos

para hacerlo primero. Por ejemplo, cuando Luis hizo su test de personalidad, descubrió que era bueno en creatividad y persuasión, y por eso es bueno en su elección de carrera de emprendedor y de ser coach de vida.

Lo ideal sería que tomaras el test con la mente tranquila. Trata de que, cuando lo respondas, estés en un ambiente tranquilo y en el cual te sientas cómodo. Esto te ayudará a que lo que respondas sea lo más fiel posible a lo que verdaderamente eres.

2. Mira hacia tu pasado: Lo que la gente no sabe es que ya sabemos lo que nos gusta hacer por nuestras experiencias pasadas. Deja de intentar averiguar lo que quieres hacer. En su lugar, reflexiona y escríbelo para que no se te olvide. Cuando los resultados de la prueba de Luis mostraron la creatividad y la persuasión, este pensó en cuando era un niño. Él era el líder de su grupo, y lo era porque era extrovertido y persuasivo.

Luis era el niño que tenía ideas creativas que todos amaban. Ahora piensa en tu infancia. ¿En qué eras bueno?

. . .

No tienes que responder esta pregunta de forma en que la respuesta sea algún talento o habilidad, tal como "bailar", "tocar tal instrumento", "ser bueno en matemáticas", etc. Igual cuentan como respuestas "ser bueno escuchando", "ser bueno prestando atención", "ser bueno siendo ordenado": cualquier talento cuenta, y no hay talentos "mejores" ni "peores".

3. ¿Qué es lo que se te da con más naturalidad?

Concéntrate en lo que te resulta más fácil. Cuando encuentres la respuesta, esta será la definición de lo que se te da bien.

Por ejemplo, a algunas personas se les da muy bien hacer amigos, y a otras les resulta difícil ser abiertas y vulnerables. ¿Y tú? ¿Qué actividades te resultan naturales?

4. Reflexiona sobre las cosas nuevas que has probado. Cuando saliste de tu zona de confort y probaste algo nuevo, ¿qué notaste? ¿Hiciste una lista y creaste recuerdos al respecto? ¿Cuáles fueron tus sentimientos?

. . .

¿Qué te pareció interesante de esta experiencia? Vuelve a ponerte en situación y concéntrate en aquello que se te daba bien y que no sabías que eras.

5. Piensa en tu elemento. ¿Has pensado alguna vez en tu elemento? Piensa en el momento en que te sentiste más a gusto haciendo algo. Este es tu elemento. Esto es en lo que puedes destacar.

Lo que hemos aprendido:

Descubre en qué eres bueno averiguando cuáles son tus puntos fuertes y débiles.

Empieza por hacer dos listas: lo que te gusta hacer y lo que odias absolutamente hacer. A partir de ahí podrás determinar tus puntos fuertes y débiles.

Utiliza la estrategia del mejor yo reflexivo y haz una lista de personas a las que puedes acudir para que te den su opinión.

No tengas miedo de ampliar tus horizontes y probar cosas que nunca habrías pensado hacer antes. Aventúrate y aprende más sobre ti mismo.

. . .

Ese test de personalidad que se ha mencionado antes, tenlo preparado y utiliza los resultados para ayudarte.

Las nuevas experiencias y aventuras son muy importantes, pero no te olvides de utilizar también tus experiencias.

Recuerda que disfrutarás más haciendo cosas en las que las habilidades implicadas son las que te resultan naturales y te hacen sentir más cómodo.

Cuando hayas probado algo nuevo o hayas emprendido una nueva aventura, asegúrate de reflexionar sobre ello. ¿Qué te ha gustado? ¿Qué no te ha gustado?

Preguntas para hacerte a ti mismo:

- ¿Qué viene muy fácil hacia mí?
- ¿Cuál es mi elemento?
- ¿Cuáles son mis fortalezas naturales?
- ¿Cuáles son mis debilidades? ¿En qué necesito trabajar?
- ¿Qué dicen los demás sobre mí?
- ¿Qué disfruta más ayudando a la gente?

En el siguiente capítulo aprenderemos y estudiaremos lo que te hace enojar. Abordaremos qué es lo que te hace hervir la sangre, y descubriremos formas de evitarlo.

. . .

Sí, sé que estás confundido sobre qué tiene que ver esto con encontrar tu pasión. No te preocupes, todo se explicará en el próximo capítulo.

6

¿Qué te hace enojar?

La ira es una emoción poderosa que puede hacerte perder el control si se lo permites. Por otro lado, puedes utilizarla como combustible para encender la pasión y alcanzar objetivos.

Según la Real Academia Española, esta es la definición de ira: "Pasión del alma, que causa indignación y enojo". Es decir, la ira es en estado de nuestra interior en el cual este no está de acuerdo con cierta situación; ahí surge la indignación. Nos encontramos con una situación que no nos parece, nos incomoda, la consideramos una injusticia: las cosas no deberían de ser así, nos decimos.

En un primer momento, esto quizás solo nos cause indignación, pero con el paso del tiempo, si no se restablece la situación a un estado de justicia podemos explotar. Ahí surge el enojo.

En nuestro camino para descubrir nuestra pasión, debemos de entender que cada persona es diferente.

Esto es algo bueno. La individualidad de cada persona hace que cada persona sea especial y diferente, al mismo tiempo. También, por lo tanto, cada persona tendrá un nivel diferente de ira; quizás y alguna persona se enoje más rápido o lento, o quizás no le guste expresar su enojo... en fin, hay un millón de posibilidades. Será tu trabajo autoconocerte y matizar en tu interior cómo te enojas, en cuanto tiempo, por qué lo haces, cómo lo expresas y cómo lo controlas para que así este ejercicio te facilite el camino hacia encontrar tu pasión.

La ira y la frustración pueden provenir de una herida, y muchas veces es una respuesta a una emoción.

Por ejemplo, si tienes ambición por algo, lo único que quieres es que las cosas salgan bien. Pero a veces otra persona, o algún factor externo, puede llegar a tener un efecto adverso en lo que estás haciendo. Cuando esto ocurre, es normal que te enfades. Es natural, ya que lo que hace que tu corazón lata más rápido son las cosas que te importan.

En este capítulo hablaremos de lo que te hace hervir la sangre, de lo que hace llorar a tu corazón, de lo que desearías cambiar y de los pequeños pasos que puedes dar para conseguirlo. Es importante ser completamente sinceros acerca de nuestro comportamiento. Que no te avergüences de reconocerte enojón o caprichoso. En la casa que es tu cuerpo solo vives tú, entonces, ¿quién más te podrá juzgar además de ti? Ninguna emoción y sentimiento es malo. Es malo cuando ya toma un control total de nuestra vida diaria y de nuestros hábitos. Por eso es importante que reconozcas estos sentimientos y emociones en tu interior.

Cómo identificar lo que te desencadena. Las personas se desencadenan por muchas razones.

Digamos que estás en una conversación, todo parece estar bien y luego, de la nada, empiezas a sentir temblores, aumento del ritmo cardíaco, ansiedad, desapego, y empiezas a ponerte húmedo o a sudar rápidamente. Esto sucede porque has sido desencadenado.

· · ·

Puede que te hayas desencadenado por un desacuerdo, por diferentes perspectivas a través de una conversación, o puede que esté relacionado con un trauma. Esto es lo que hay que tener en cuenta cuando te has desencadenado, antes de explotar:

1. Presta atención a tu cuerpo. Tu cuerpo empezará a temblar o a sudar y empezará a empeorar gradualmente a medida que avanza la situación en la que te encuentras. Tus músculos están tensos y empiezas a sentir hormigueo o calor. Lo mejor es que te alejes y te calmes, o que aprendas a manejar lo que sea que se te presente en ese momento.

Una vez le pasó lo siguiente a Juan: Juan es fotógrafo.

Tiene 30 años y lleva un poco más de 3 años fotografiando eventos como bodas, bautizos y graduaciones.

Además de tener un trabajo como fotógrafo de eventos, también se dedica a la fotografía artística. Juan tiene en mucha estima a la fotografía. En un evento que estaba cubriendo, mientras tomaba fotos, se le acercaron a él un grupo de señores. Primero platicaron: era una charla amena. Pero después los señores empezaron a hacer comentarios despectivos acerca de la fotografía, así como "la fotografía la puede ejercer cualquier persona", "es muy fácil", "debería de ser más barata".

A Juan, como un fotógrafo profesional con más de 3 años de carrera, esto le enfureció. Pero como estaba muy inmerso en su trabajo, estando atento a capturar momentos, él no se dio cuenta de su enojo. No fue sino cuando empezó a sudar, a temblar, sus manos y cuello estaban tensos y sentía un calor insoportable.

Muchas veces podríamos no darnos cuenta de nuestro estado de enojo.

Ya sea porque estamos en un espacio social o de trabajo, podemos estar tan inmersos en el ambiente que quizás no racionalicemos nuestro enojo. Es importante estar pendiente de cómo te sientes física y fisiológicamente.

2. Vigila tus pensamientos. ¿Hay pensamientos negativos en tu cabeza? ¿Tu cerebro te dice que algo es bueno o malo, correcto o incorrecto, agradable o malvado? Cuando tus pensamientos están poniendo una etiqueta a las cosas, pueden pasar por una serie de emociones y una de ellas será la ira.

. . .

Vigila estos pensamientos y no los juzgues. Recuerda que la ira es un sentimiento natural; es una reacción necesaria de tu cuerpo. Sin embargo, este sentimiento no tiene que dominar tu cuerpo ni la mayoría de tus pensamientos. Es una línea delgada, y es indispensable tenerla en cuenta a la hora de actuar.

3. ¿Qué estabas haciendo? El enfado no proviene sólo de tu interior, sino también de tu entorno.

Piensa en lo que ha pasado o en lo que se ha dicho que te ha hecho enfadar. ¿Fue un día estresante? Tal vez discutiste con un ser querido. Sea lo que sea, asegúrate de que tu ira no proviene de ningún otro sitio.

¿Qué te hace hervir la sangre? ¿Qué te hace querer ir a defender algo? ¿Qué quieres cambiar en este mundo? Si lo piensas bien, lo que te hace enfadar es algo que te importa, y probablemente lo que el mundo necesita.

Cuando te paras y prestas atención a cómo te hace sentir algo, puedes encontrar lo que te importa, lo que te entusiasma y lo que te apasiona.

. . .

¿Te sientes frustrado cuando el tráfico es malo? ¿Te molestan los cachorros que son abandonados? ¿No soportas los plásticos de un solo uso?

¿Lo ves? ¡Hay oportunidades en todas partes! Averigua qué problemas son los más importantes para ti e intenta resolverlos a través de tu carrera.

Cuando empieces a escuchar tu voz interior y te centres en tus puntos fuertes, te empezará a hervir la sangre y lo sentirás.

Si sientes algo profundamente, no ignores ese sentimiento y sigue adelante con tu vida. Tienes el poder para cambiar el mundo. Deja ir tu miedo y abraza tu pasión.

Lo que hemos aprendido:

La ira puede alimentar la pasión de muchas maneras, y es importante averiguar qué es lo que te provoca. Es natural que te apasionen las cosas que te importan. La ira puede ser una demostración de esa pasión, pero hay que mantenerla bajo control.

Es importante prestar atención a lo que te dice tu cuerpo. Tu cuerpo te dirá todo lo que necesitas saber sobre cómo te sientes.

La sudoración excesiva, las sacudidas o los temblores son señales de que tu ira se ha disparado.

Es importante prestar atención a tu cuerpo y a lo que te dice, pero también escuchar tus propios pensamientos. Esto puede ser difícil, ya que se agolpan en tu mente, pero ten cuidado porque se acumulan hasta convertirse en sentimientos de ira.

Intenta averiguar de dónde procede tu ira. ¿Tu ira proviene de algo que está empezando a enturbiar las relaciones y otras áreas de tu vida?

La ira no tiene por qué ser sólo un elemento negativo. Si analizas tu enfado puedes determinar lo que significa y utilizarlo para descubrir tus pasiones.

· · ·

Cuando ves que algo se hace mal, significa que esa cosa te apasiona. Ese enfado puede ser lo que te muestre lo que te apasiona.

Preguntas que debes hacerte:

- ¿Qué me provoca?
- ¿Con qué pensamientos o conversaciones hacen que me hierva la sangre?
- Si se pudiera cambiar el mundo, ¿qué es lo primero que cambiarías?
- ¿Qué pasiones tengo que me hacen enfadar?

En el próximo capítulo, hablaremos de una herramienta que, no solo te será bastante útil en la comprensión de tu enojo, sino que también te auxiliará en la búsqueda de tu pasión: el mindfulness.

7

Introducción al mindfulness

EL MINDFULNESS. Muchas cosas se han dicho de esta práctica pero, ¿cómo practicarla realmente? ¿para qué sirve? ¿en qué puede ser útil en este libro?

De seguro has oído hablar del mindfulness. Tal vez incluso hayas probado a practicar el mindfulness o hayas leído sobre su función para ayudar a controlar el estrés. No eres el único: vivimos en un mundo extremadamente acelerado y, a veces, nos olvidamos de estar atentos a nosotros mismos.

En este capítulo, veremos qué significa realmente el mindfulness y cómo puedes utilizar esta práctica en tu vida diaria. ¿Para qué sirve el mindfulness? También hablaremos de ello y, con suerte, podrás ver por qué el concepto se ha vuelto tan intensamente popular en los medios de comunicación.

¿Qué es el mindfulness? no es raro que la gente equipare el mindfulness con la meditación. Es cierto que la meditación es una forma extremadamente poderosa de practicar el mindfulness, pero eso no es todo.

Según la Asociación Americana de Psicología, el mindfulness es:

"...una conciencia momento a momento de la propia experiencia sin juicio. En este sentido, el mindfulness es un estado y no un rasgo. Aunque puede ser promovido por ciertas prácticas o actividades, como la meditación, no es equivalente ni sinónimo de ellas."

Como vemos, el mindfulness es un estado que puede ser provocado a través de la práctica.

No es algo estático, ni algunas personas "nacen más conscientes" que otras. Implica conciencia, e imparcialidad sobre lo que obtenemos de esta conciencia. En la era de las redes sociales, en la que las opiniones, los gustos y los comentarios son más que frecuentes, es fácil ver cómo la reflexión sin prejuicios puede ser un cambio bienvenido.

Otra definición proviene de Jon Kabat Zinn, que goza de un importante reconocimiento mundial por su trabajo sobre la reducción del estrés basada en la atención plena (MBSR): "La conciencia que surge de prestar atención, a propósito, en el momento presente y sin juzgar".

Esta es la definición más aceptada en la literatura profesional y académica, y quizás más descriptiva para quienes quieren empezar a practicar. Además de la conciencia, Kabat-Zinn nos dice que centremos la atención consciente en el "aquí y ahora". Es un concepto con el que la mayoría de los que practican la meditación ya estarán familiarizados, y es por ello que ambos suelen ir de la mano.

Examinando la psicología detrás de Mindfulness: Sin querer hacer un mal juego de palabras, el aumento de la concienciación pública sobre el mindfulness ha ido acompañado de un aumento de la literatura académica que examina el concepto. Esto significa que no es difícil encontrar estudios empíricos sobre la psicología del mindfulness.

. . .

La mayoría de ellos se centran en los beneficios de la práctica del mindfulness, en los que profundizaremos en breve. Por el momento, tocamos brevemente algunas áreas de interés para los psicólogos positivos y clínicos por igual.

Estas incluyen:

Definir el constructo de forma operativa, es decir, encontrar una forma científicamente medible (y comprobable) de describir el mindfulness. Bishop y sus colegas (2004) examinan esta cuestión en profundidad en su artículo Mindfulness: A Proposed Operational Definition, que resume una serie de reuniones celebradas con este fin;

Beneficios del mindfulness: cómo su práctica puede ser útil para el bienestar, la calidad de vida y la salud.

Entre los temas más populares en este campo, comprensiblemente vasto, se encuentran los efectos del mindfulness en la salud física y cómo puede ayudarnos a gestionar diferentes síntomas;

Reducción del estrés basada en la atención plena: cómo la atención plena puede ayudarnos a lidiar con la ansiedad, el estrés y el TOC, entre otros. Un estudio fundamental en este campo fue el realizado por Shapiro y sus colegas (1997), que analiza cómo los estudiantes de medicina y de premédica utilizaron la MBSR para hacer frente al estrés; y

Terapia cognitiva basada en el mindfulness, que examina el papel de la atención plena en el tratamiento de la depresión y los trastornos del estado de ánimo.

Y, por supuesto, hay muchos, muchos profesionales que buscan constantemente desarrollar, refinar y aplicar los beneficios psicológicos del mindfulness en áreas nicho.

Comencemos con una mirada a cómo el mindfulness llegó a ser un tema tan influyente en tantas áreas de la práctica.

Historia y origen del mindfulness: Una de las numerosas razones por las que Jon Kabat-Zinn está tan ampliamente vinculado al concepto de mindfulness es porque general-mente se acepta que reimaginó las prácticas de contem-plación budistas para una era secular hace casi 40 años. Solo por esta frase, ya sabemos dos cosas.

· · ·

Primero, que las prácticas de mindfulness existen desde hace mucho tiempo. En segundo lugar, podemos rastrear al menos una gran parte de su popularidad actual en el mundo occidental hasta el trabajo del Dr. Kabat-Zinn en MBSR.

La propia historia de Kabat-Zinn es, cuando menos, inspiradora, y un buen punto de partida.

Cuando era estudiante del MIT, conoció las filosofías budistas al conocer a Philip Kapleau, un practicante del zen que dio una charla en el Instituto. A continuación, pasó a desarrollar la MBSR en un entorno científico, aportando su aprendizaje de muchos años de enseñanza de la meditación al campo. En 1979, fundó la Escuela de Reducción del Estrés de la Clínica Médica de la Universidad de Massachusetts, donde la MBSR pasó a primer plano.

A medida que el concepto fue ganando adeptos, Kabat-Zinn publicó un libro muy popular titulado Full Living Catastrophe, que también desempeñó un papel importante a la hora de hacer que la práctica del mindfulness y la meditación fueran mucho más accesibles a los círculos mayoritarios. Inspirados por las innumerables aplicaciones seculares del mindfulness, los practicantes de todo el mundo han adoptado la práctica tanto en entornos especializados como en contextos cotidianos.

. . .

Entonces, ¿qué hemos tomado exactamente del budismo? Echemos un vistazo.

Una rápida mirada a la atención plena y al budismo:

La Insight Meditation Society, donde Kabat-Zinn ha estudiado y enseñado la práctica de mindfulness, describe tres propósitos de la meditación de mindfulness en su contexto budista.

1. Conocer la mente: Una de las enseñanzas de Buda es que, como humanos, creamos sufrimiento y problemas en nuestra propia mente. Se cree que nuestro sentido del "yo", o de quiénes somos, está muy influenciado por actividades como el egocentrismo, el apego y la discriminación.

Cuando practicamos la reflexión sin juzgar, podemos descubrir más sobre nuestras motivaciones, nuestros sentimientos y reacciones, ser más autoconscientes y, sobre todo, para fines de este libro, podrás descubrir más sobre tus pasiones. Es decir, podemos llegar a estar en sintonía con lo que estamos pensando, con un enfoque global en el "saber", en lugar de juzgar.

. . .

2. Entrenar la mente: Como probablemente habrás adivinado, esta conciencia forma parte de tener la poderosa capacidad de entrenar y dar forma a nuestra mente. (Sólo a modo de apunte, es posible que reconozcas aquí algunas fuertes similitudes con las actividades de reencuadre cognitivo dentro de la TCC de forma más general).

Cuando nos volvemos más "conocedores" de nuestros pensamientos, sentimientos y motivaciones, entre otras cosas, podemos explorar formas de ser "más amables, indulgentes y espaciosos con nosotros mismos", además de ser más libres de tomar decisiones y de conocernos más a profundidad.

Podemos fomentar la capacidad de estar más relajados a pesar de lo que ocurre a nuestro alrededor, cultivar el desarrollo de la generosidad, la virtud ética, el valor, el discernimiento y la capacidad de liberar el aferramiento.

3. Liberar la mente: Liberar la mente se basa en la "capacidad de soltar el aferramiento" que acabamos de mencionar.

El no juicio es una parte importante de la filosofía budista, y el tercer propósito es practicarlo contigo mismo. Nos desprendemos de los pensamientos y prácticas no beneficiosas a las que nos aferramos, como la ira, el juicio y otras "contaminaciones de visita". Esto nos ayuda a ver con claridad, a dejar pasar las emociones no deseadas y a permanecer relajados mientras nos abrimos a más de lo que es positivo.

Si esto suena como algo que te beneficiaría, puede que te interese saber que también hay beneficios empíricamente demostrados de la práctica del mindfulness.

7 beneficios según la psicología: La práctica del mindfulness se ha asociado a numerosos beneficios, y la popularidad del tema en la psicología positiva significa que probablemente veremos muchos más.

Los siguientes son sólo algunos ejemplos de lo que la psicología ha demostrado.

1. Mejora de la memoria de trabajo: Según un estudio realizado por Jha y sus colegas en 2010, la meditación del mindfulness se ha vinculado empíricamente con una mayor capacidad de memoria de trabajo. Comparando muestras de participantes militares que practicaron el entrenamiento de meditación de atención plena durante

ocho semanas con los que no lo hicieron, Jha et al. (2010) encontraron pruebas que sugieren que el entrenamiento de mindfulness ayudó a "amortiguar" las pérdidas de capacidad de la memoria de trabajo.

Además, descubrieron que la capacidad de la memoria de trabajo también aumentaba cuando el primer grupo practicaba la meditación de mindfulness. Estos participantes también informaron de un mayor afecto positivo y un menor afecto negativo.

2.Mayor conciencia metacognitiva: En términos sencillos, esto describe la capacidad de separarse de los propios sentimientos y procesos mentales, de dar un paso atrás y percibirlos como sucesos transitorios y momentáneos, en lugar de "lo que somos". En el sentido budista, esto se relacionaría con el "conocimiento" y la "liberación" de la mente.

En cuanto a la psicología empírica, se describe cómo se ha hipotetizado que el mindfulness disminuye los patrones de conducta de pensamiento negativo, aumenta la conciencia metacognitiva y el descentramiento. A su vez, esto puede tener un efecto positivo para ayudar a evitar recaídas en la depresión.

. . .

3. Niveles más bajos de ansiedad: La MBSR ha sido examinada en una gran cantidad de ensayos aleatorios y controlados que encuentran apoyo a su impacto en el alivio de los síntomas de ansiedad. Vøllestad y sus colegas, por ejemplo, encontraron que los participantes que completaron la MBSR tuvieron un impacto positivo de mediano a grande en los síntomas de ansiedad.

También se han encontrado resultados similares en estudios sobre el trastorno de ansiedad social (TAS).

Por ejemplo, el de Goldin y Gross (2010), quienes encontraron evidencia que sugiere que el entrenamiento MBSR en pacientes con TAS ayudó a mejorar en los síntomas de ansiedad y depresión, así como en la autoestima.

4. Reducción de la "reactividad" emocional: También hay pruebas que apoyan el papel de la meditación de mindfulness en la "reactividad" emocional. En una tarea de interferencia emocional llevada a cabo por Ortner y sus colegas en 2007, se pidió a los participantes con amplia experiencia en meditación de mindfulness que clasificaran los tonos que se daban 1 o 4 segundos después de que se presentara una imagen neutra o emocionalmente molesta.

. . .

Aquellos con más experiencia en la práctica de la meditación de mindfulness fueron más capaces de desvincularse emocionalmente, lo que significa que mostraron una mayor concentración en la tarea en cuestión incluso cuando se mostraron imágenes emocionalmente perturbadoras.

5. Mejora del procesamiento de la atención visual: Otro estudio realizado por Hodgins y Adair (2010) comparó el rendimiento de "meditadores" y "no meditadores" en tareas de procesamiento de la atención visual.

Los que practicaron la meditación de mindfulness mostraron un mayor funcionamiento atencional a través de un mejor rendimiento en las pruebas de concentración, atención selectiva, y más.

Estos resultados se corresponden con hallazgos anteriores de que el entrenamiento sistemático de meditación de mindfulness estimula mejoras en la atención, la conciencia y la emoción.

6. Reducción del estrés: El entrenamiento de mindfulness también se ha relacionado con la reducción de los niveles de estrés. Un ejemplo de evidencia empírica proviene de

Bränström et al. (2010), quienes encontraron que los pacientes con cáncer que participaron en el entrenamiento de mindfulness tuvieron una reducción significativa del estrés auto reportado que aquellos que no lo hicieron. También mostraron mayores estados mentales positivos y menos síntomas de evitación postraumática, como la pérdida de interés en las actividades.

7. Control del dolor físico: También hay investigaciones que sugieren que el mindfulness puede tener un papel en la gestión del dolor subjetivo.

Esta lista no es en absoluto exhaustiva. De hecho, hay muchos más estudios sobre temas como la reducción de la angustia psicológica, el aumento de la concentración y muchas más aplicaciones de las ideas anteriores en entornos mucho más específicos. Pero esperamos que esto sea suficiente para empezar a ver cómo el mindfulness puede ayudarnos en nuestra vida diaria.

La importancia del mindfulness y cómo ayuda: Tanto si quieres practicar el mindfulness para lidiar con la ansiedad o el estrés, como si quieres mejorar tu capacidad de atención, hay muchas pruebas científicas a tu favor.

. . .

El mindfulness puede ayudarnos a lidiar con la depresión, aumentar nuestro bienestar psicológico, controlar el dolor físico e incluso tener mejor memoria.

Cuando se trata de la forma en que pensamos y sentimos, ser conscientes de nuestras emociones nos ayuda a cambiar a una mentalidad más positiva y a trabajar para ser una persona "mejor", o al menos, más feliz.

En cuanto a las relaciones, como veremos dentro de poco, tiene implicaciones positivas en la forma de comunicarnos y relacionarnos con quienes nos rodean.

Sin embargo, todos los estudios tienen algo en común.

Esto es, que para obtener los beneficios, deberás encontrar un método de práctica de mindfulness que te funcione.

A través de la práctica, ya sea una intervención o una meditación, podemos aprender a cultivar el estado mental que nos permite estar atentos cuando sentimos que más lo necesitamos. Si eliges hacer un curso online o descargarte guiones para ayudarte sobre la marcha, ya estás en el camino hacia tu objetivo.

No te preocupes. Un poco más adelante, nos pondremos un poco más específicos, dando algunos ejemplos de cómo el mindfulness puede desempeñar un importante papel de ayuda en tu vida diaria.

Cómo puede afectar el mindfulness a nuestra salud mental: El mindfulness puede ayudarnos a mejorar nuestro bienestar mental al menos de dos maneras. La terapia y las intervenciones basadas en el mindfulness adoptan un enfoque más estructurado para abordar los síntomas de la salud mental, mientras que los enfoques menos estructurados pueden encontrarse de muchas formas y abarcan toda una diversidad de temas diferentes. Veamos brevemente ambos.

Terapias e intervenciones basadas en la atención plena: Dado que la ansiedad y la depresión son dos de las enfermedades mentales más prevalentes en el mundo, no es de extrañar que dos de las intervenciones basadas en mindfulness más conocidas se centren en abordar estos estados mentales.

· · ·

La Reducción del Estrés Basada en la Atención Plena (MBSR, por sus siglas en inglés), iniciada por el Dr. Kabat-Zinn en la Escuela de Reducción del Estrés de la UMass, es un enfoque grupal. Se centra en la idea de que puede utilizarse una gama flexible de prácticas de atención plena para ayudar a las personas a afrontar las dificultades del estrés y las enfermedades mentales relacionadas con la ansiedad. Por lo general, esto implica una combinación de yoga y/o meditación de atención plena, aprovechando diferentes técnicas para aliviar el estrés.

La Terapia Cognitiva Basada en la Atención Plena (MBCT) es también un programa de grupo que se utiliza para ayudar a las personas con depresión recurrente a reducir sus síntomas y prevenir las recaídas. La MBCT incluye tanto la terapia cognitivo-conductual (TCC) como las prácticas de mindfulness, como la respiración consciente y la meditación. La aceptación es una parte central de la MBCT, ya que los participantes aprenden enfoques para reencuadrar, en lugar de eliminar, sus sentimientos.

Práctica diaria del mindfulness: Como es de esperar, muchos de los enfoques más informales para practicar la atención plena también incluyen la meditación y el yoga. También es fácil apuntarse a clases, retiros, programas y charlas, pero la forma más fácil de empezar de inmediato es probar ejercicios especiales que puedes hacer en casa.

¿Puede ayudar a mejorar nuestro bienestar?: Si los beneficios anteriores no son suficientes para convencerte, hay más formas en las que la práctica del mindfulness puede ayudarte a mejorar tu bienestar.

El mindfulness puede ayudarte a:

- Regular y expresar tus emocione
- Desarrollar y utilizar mejores estrategias de afrontamiento.
- Distraerse menos fácilmente en actividades no relacionadas con la tarea.
- Ayudar a dormir mejor.
- Practicar la autocompasión.
- Potencialmente, construir la resiliencia.

¿Puede ser perjudicial el mindfulness?: La práctica de mindfulness tiene algunas similitudes con la práctica de deportes. Adopta un enfoque responsable para cualquier práctica que elijas y, en la mayoría de los casos, estarás bien. Sin embargo, el aumento masivo del interés por el mindfulness ha provocado algunas investigaciones sobre sus posibles desventajas. Algunos de ellos son:

· · ·

Formación de falsos recuerdos. La investigación de Wilson y sus colegas (2015) proporciona resultados que sugieren que la meditación de mindfulness puede hacer que las personas sean más susceptibles a los recuerdos falsos. Es decir, los participantes que practicaron la meditación de mindfulness en el estudio mostraron algunas deficiencias en su capacidad para monitorear la realidad.

Descartando mentalmente tanto los pensamientos positivos como los malos. Otro estudio descubrió que la práctica de mindfulness de "descartar los pensamientos negativos" puede llevarnos a descartar también los positivos y fortalecedores.

Cabe mencionar que este efecto era mucho más notable cuando los participantes escribían físicamente los pensamientos y luego los desechaban, en lugar de limitarse a imaginar el escenario.

Evitar los pensamientos difíciles. Algunos practicantes pueden utilizar el mindfulness para evitar tareas más exigentes desde el punto de vista cognitivo, eligiendo retirarse a un estado de mindfulness en lugar de comprometerse con un problema en cuestión (Brendel, 2015).

. . .

Síntomas físicos y psicológicos. Algunos estudios han encontrado casos en los que la meditación de mindfulness se ha relacionado con posibles reacciones adversas. Estas incluyen desrealización, despersonalización y, entre otras cosas, alucinaciones (Lustyk et al., 2009).

Si te preocupa alguno de estos hallazgos, puede que encuentres los documentos anteriores como una lectura interesante. En general, utiliza tu mejor criterio cuando pruebes cualquier técnica nueva con la que no estés familiarizado.

¿Es lo mismo que la conciencia o la concentración? Ya hemos visto varias definiciones de mindfulness, pero es natural preguntarse en qué se diferencia de la conciencia y la concentración en general.

Según Merriam Webster (2019), la conciencia se define como:

"Tener o mostrar realización, percepción o conocimiento".

Mientras que mindfulness implica conciencia en varios sentidos, también incluye el no juicio y es (en la mayoría de los casos, al menos) una actividad consciente. Ser consciente de que hay una manzana en la mesa, por ejemplo, no significa que estemos libres de juicios sobre ella.

La concentración, por otro lado, Merriam Webster la define como:

"El estado de estar concentrado", es decir, "La dirección de la atención a un solo objeto".

Inherente a esta última definición está la idea de un enfoque intenso en un estímulo, a menudo a expensas de otros. Si suprimimos otras cosas de nuestra atención, no estamos simplemente "dejándolas existir". No podemos estar relajados y aceptar las cosas como son si estamos ocupados suprimiendo nuestra atención en otras áreas.

Lo que no es: Mindfulness vs Mindlessness: La diferencia entre mindlessness y mindfulness puede parecer obvia: en uno se presta atención y en el otro, quizás no tanto. Según Ellen Langer, que ha hecho importantes contribuciones al movimiento de mindfulness, mindfulness y mindlessness son, de hecho, conceptualmente distintos. Es decir, mindfulness describe: "...un estado de conciencia en el que el individuo es implícitamente consciente del contexto y el contenido de la información. Es un estado de apertura a la novedad en el que el individuo construye activamente categorías y distinciones".

Por otro lado, el mindlessness es: "...se caracteriza por un exceso de confianza en las categorías y distinciones trazadas en el pasado y en el que el individuo depende del contexto y, como tal, es ajeno a los aspectos novedosos (o simplemente alternativos) de la situación."

Langer describe el mindlessness como algo que suele estar tipificado por una falta (a veces completa) de conciencia, en la que el compromiso cognitivo se hace con la información que se ha recibido. Se presta muy poca atención al contexto cuando alguien está siendo "mindless", a menudo porque una pieza de información parece poco importante al principio, o se recibe como una instrucción.

3 ejemplos de habilidades de mindfulness en la vida cotidiana: Como prometimos, hemos reunido algunos ejemplos concretos de habilidades de mindfulness en el día a día. Es posible que ya estés familiarizado con algunos de ellos, o que recurras a ellos en situaciones a las que te enfrentas con frecuencia.

. . .

1. Caminar de A a B: Basándonos en los consejos de mindfulness anteriores, hay formas en las que la conciencia y la reflexión sin juicios de valor pueden transformar las actividades más mundanas en una experiencia que hay que disfrutar. Mientras caminas hacia el trabajo o las tiendas, observa cada paso.

En lugar de dejar que tu mente se pierda en patrones o procesos de pensamiento, toma conciencia de lo que estás haciendo. Fíjate en cómo sientes cada paso, en cómo la brisa toca tu piel o despeina tu ropa. Si caminas junto a árboles o agua, escucha los sonidos y observa los colores. Experimenta todo ello con la atención puesta en el aquí y el ahora.

2. Al hablar con los demás: Utilicemos a Luis y a Juan como ejemplo de cómo la sintonización sin juicios de valor muestra la atención plena en el trabajo. Luis está descontento con Juan y trata de explicarle sus sentimientos. Aunque sus palabras salen un poco confusas y llenas de emoción, Juan puede intentar escuchar sin juzgar.

Sin reaccionar emocionalmente, y prestando atención sin elaborar una respuesta en su mente. En su lugar, puede prestar atención a lo que Luis está diciendo y responder de una manera más compasiva y significativa. En lugar de discutir sin escuchar, esto les ayuda a ambos a llegar a un resultado más productivo a la vez que profundizan en su relación y construyen confianza.

3. Antes de un gran discurso: Hablar en público puede hacer que muchos de nosotros nos sintamos intimidados, y eso está bien. Si quieres practicar el mindfulness para ayudarte a lidiar con el estrés que sientes, empieza con una respiración suave. Busca un lugar tranquilo para tomarte un momento y centrarte en lo que sientes. En lugar de centrarte en los pensamientos negativos, intenta descentrarte, es decir, acepta y reconoce que así es como te sientes, pero que eso no es lo que eres.

Puedes mover tu conciencia hacia las sensaciones físicas que estás experimentando, concentrándose en cada parte de tu cuerpo mientras dejas que se relaje. Fíjate en lo que sientes cuando tus músculos se relajan y dejan de estar estresados.

10 consejos para practicar Mindfulness: Se dijo que había maneras de empezar de inmediato. Así que, ¡vamos a sumergirnos en algunos consejos! Esperemos que estos te ayuden a empezar a practicar mindfulness:

. . .

1. Tómate unos momentos para ser consciente de tu respiración.

Tomar conciencia de cómo tu respiración fluye hacia dentro y hacia fuera, cómo tu barriga sube y baja con cada respiración que haces.

2. Toma nota de lo que sea que estés haciendo. Mientras estás sentado, comiendo o relajándote, ¿qué te dicen tus sentidos -no tus pensamientos-?

Observa el aquí y el ahora. Si estás estirando, por ejemplo, observa cómo se siente tu cuerpo con cada movimiento. Si estás comiendo, concéntrate en el sabor, el color y los detalles de la comida.

3. Si vas a algún sitio, céntrate en el aquí y el ahora.

En lugar de dejar que tu cerebro se pierda en los pensamientos, devuélvelos al acto físico de caminar. ¿Cómo te sientes?

. . .

Presta menos atención a dónde vas y más a lo que haces al pisar y a cómo sientes tus pies. Este es un buen ejercicio para probar en la arena o en la hierba.

4. No necesitas estar haciendo algo en cada momento. Está bien sólo... existir.

Simplemente existe y relájate. De nuevo, esto es sobre el aquí y el ahora.

5. Si notas que vuelves a pensar, céntrate una vez más en tu respiración.

Puedes volver a centrarte en cómo entra y sale la respiración de tu cuerpo, y si puedes sentir que tus músculos se relajan mientras lo haces, eso es aún mejor.

6. Comprende que tus procesos mentales son sólo pensamientos; no son necesariamente verdaderos, ni requieren que actúes.

El mindfulness consiste simplemente en ser, y en estar relajado aceptando las cosas que te rodean tal y como son. Esto también se aplica internamente: es parte de conocer tu mente.

7. Intenta escuchar de una manera totalmente libre de juicios.

Puedes notar que eres más consciente de tus propios sentimientos y pensamientos. No los juzgues, simplemente acéptalos.

8. Puede que te des cuenta de que ciertas actividades te hacen desconectar. Estas son grandes oportunidades para practicar una mayor conciencia. ¿Qué estás haciendo o experimentando?

Este es un ejemplo de cómo la práctica de mindfulness puede formar parte de tu día con flexibilidad. Puedes practicar mindfulness mientras conduces, caminas, nadas o incluso mientras te cepillas los dientes.

9. Tómate un tiempo para disfrutar de la naturaleza.

· · ·

Un entorno relajante puede ayudarte a sintonizar con mayor facilidad. Además, estar en la naturaleza tiene muchos beneficios propios para el bienestar.

10. Permítase notar cuando su mente se desvía hacia el juicio. Recuerda que esto es natural y no tiene por qué formar parte de tu "yo".

Parte de la práctica de mindfulness significa liberar tu mente de prácticas como el juicio. Con el tiempo y la práctica te resultará más fácil.

11 formas en las que el mindfulness puede empoderarnos: Si te estás preguntando de qué manera el mindfulness puede potenciarnos, ¡recapitulemos!

El mindfulness puede ayudarnos a gestionar nuestras emociones y sentimientos en situaciones de estrés.

A través de la práctica, podemos aprender a descentrarnos de las "formas de ser" negativas y liberar nuestra mente.

· · ·

La práctica del mindfulness nos permite dar un paso atrás y aceptar nuestros propios procesos mentales sin juzgarlos.

Puede ayudarnos a hacer frente a los sentimientos de ansiedad, e incluso a la depresión.

La práctica de mindfulness en la vida cotidiana puede llevarnos a saborear realmente las experiencias con nuevas perspectivas.

La práctica de mindfulness en las relaciones puede ayudarnos a escuchar mejor, a apreciar más a los demás y a llevarnos bien en el trabajo.

Las investigaciones sugieren que el mindfulness nos ayuda en los procesos atencionales.

Incluso podemos ser capaces de manejar el dolor físico utilizando mindfulness.

La práctica de mindfulness nos ayuda a no reaccionar instantáneamente con la emoción.

. . .

Podemos ser más conscientes de cómo practicamos la autocompasión.

El mindfulness puede ayudarnos en nuestros intentos de desarrollar la resiliencia.

Lo que hemos aprendido:

El mindfulness es una práctica y filosofía que se remonta al budismo y a las filosofías orientales.

El mindfulness es una herramienta fundamental a la hora de autoconocernos.

También, el mindfulness nos resulta utilísimo a la hora de tomar decisiones.

La disciplina del mindfulness, más que ser algo teórico, es algo que necesariamente se tiene que llevar a la práctica.

. . .

El mindfulness suspende todos nuestros juicios y nos permite sentir de manera más pura el mundo, nuestros sentires, a los demás.

En el próximo capítulo, hablaremos de cómo combinar tus intereses y las cosas que se te dan bien en una carrera apasionada.

8

Cómo transformar tu pasión en una carrera

SI YA HAY algo que te apasiona en tu vida y que te llena el corazón de alegría, emoción e ilusión, ¿por qué no convertirlo en una carrera? Merecerá la pena la parte de miedo que supone hacer un cambio significativo en tu vida para comprometerte a hacer realidad tus sueños. El truco está en combinar lo que se te da bien con tus intereses y aficiones y, basándote en tu tipo de personalidad, averiguar cómo puedes convertirlos en una carrera. Lo primero que debes recordar siempre es que no debes centrarte en lo mucho o lo poco que te pagan. Al fin y al cabo, no se puede poner precio a hacer lo que te gusta.

Volvamos al ejemplo de Jorge. Para él, lo que le apasiona es el placer que le produce ayudar a la gente.

. . .

Es esta pasión la que le ha permitido crear una carrera satisfactoria que ha abarcado muchos tipos de trabajos diferentes. Pasó de estar atrapado detrás de un escritorio en un trabajo insatisfactorio sin salida a convertirse en un entrenador personal, un padre, un empresario y un pionero del marketing digital. Su trabajo le ha llevado por todo el mundo, pero desde que dejó su trabajo de oficina el único momento en el que se sintió como un trabajo fue cuando perdió el rumbo y se centró únicamente en ganar dinero. Así es como se presenta la importancia de tener pasión e inyectar tu pasión en lo que haces. Ahora vas a aprender cómo fusionar tu pasión con tu carrera.

¿Qué significa la palabra "carrera"? Para muchas personas, la carrera significa la parte de la vida que tiene que ver con el empleo. Desde el punto de vista profesional, significa la suma total de los distintos empleos que se pueden tener a lo largo de la vida. Sin embargo, estas definiciones no captan totalmente el significado de la carrera.

Nos gustaría que pensaras en la carrera de una manera más amplia, que abarque toda la vida. Piensa en las decisiones que tomas sobre un trabajo o una carrera universitaria como componentes valiosos de un proceso que dura toda la vida. Cuando se ve de esta manera, la carrera puede definirse como la suma total de decisiones que dirigen tus esfuerzos educativos, sociales, económicos, políticos y espirituales y reflejan tus características de personalidad únicas y tus valores vitales básicos.

¿Qué es la toma de decisiones en la carrera? La mejor manera de entender la toma de decisiones es definir primero el término decisión. Una decisión puede definirse como el acto de elegir. Una decisión, sea o no consciente de ello, es una respuesta a una pregunta, una preocupación o un problema. Las decisiones profesionales adecuadas pueden definirse además como el proceso permanente de hacer elecciones que complementan tus atributos personales y te ayudan a realizar tus valores vitales básicos. De hecho, una decisión profesional debe tomarse con mucho cuidado, ya que influirá significativamente en su dirección, satisfacción personal y realización en la vida.

¿El desarrollo de la carrera es diferente para un adulto mayor que para una persona más joven? Aunque los fundamentos del desarrollo profesional (autoevaluación, toma de decisiones, conciencia ocupacional, exploración y puesta en práctica) son los mismos independientemente de la edad, las variaciones en la madurez y las experiencias vitales requieren enfoques diferentes. Algunos especialistas en carreras profesionales creen que la mayoría de los adultos, al igual que los niños y los jóvenes, pasan por una serie de etapas de desarrollo. En consecuencia, tienen en cuenta la etapa de la vida de una persona antes de seleccionar una estrategia de asesoramiento.

¿Qué es el éxito profesional? El éxito profesional depende realmente de cada persona. Para algunos, el éxito profesional se mide por la acumulación financiera y material. Otros basan el éxito profesional en el reconocimiento y la popularidad. Otros creen que el verdadero éxito profesional sólo se consigue ayudando a los demás o haciendo una contribución a la sociedad.

El éxito profesional puede llegar cuando se logra la satisfacción interior a través de la realización continua de lo siguiente:

Tus valores vitales más profundos y apreciados en cada una de las tareas principales (es decir, el hogar, el trabajo, la escuela y el ocio).

Tu oportunidad e inspiración para utilizar y desarrollar las habilidades actuales y deseadas.

Su entusiasmo por los logros pasados, actuales y futuros.

. . .

Cómo convertir tus pasiones en una carrera. Antes de que puedas convertir tus intereses en una elección de carrera apasionada, vas a tener que hacer algunas cosas primero. El primer paso es pensar en tu pasión de la manera correcta. Si piensas constantemente: "Es demasiado difícil" o "No sé si puedo hacer esto", no vas a llegar a ninguna parte.

En cambio, piensa para ti mismo: "Lo tengo" y "puedo hacer todo lo que me proponga". Al cambiar tu estado de ánimo, se establece un estado positivo y de bienestar, y estarás más preparado para cumplir tus objetivos.

El siguiente paso para considerar es no tener miedo. Seguro que ahora mismo tus nervios están a flor de piel y puede que te vuelvas loco ante la idea de hacer cambios en tu vida. Puede que te estés preparando para entrar en el trabajo que haces todos los días y presentar tu dimisión y dar tu preaviso de dos semanas.

No es raro ni vergonzoso admitir que te has acobardado en el último momento y te has detenido. Pues bien, la próxima vez no te detengas. Adelante, hazlo.

. . .

Recuérdate a ti mismo que este es tu momento, este es tu momento en la vida para ir tras lo que quieres, lo que mereces y lo que te va a hacer feliz.

Mira bien los siguientes pasos sobre cómo convertir tu pasión en una carrera:

1- Descubre tu pasión: Descubrir tu pasión es la parte fácil, aunque no lo creas. Al leer este libro, cada capítulo te ha acercado más y más a este punto, así que toma esta información y ponla en práctica ahora. ¿Sabe que hay una gran diferencia entre tu pasión y un hobby? Un hobby es algo que se te da bien y que haces en tu tiempo libre para pasar el rato. Un deseo es algo que no puedes vivir sin hacer mientras te hace feliz.

2- Determina la demanda: Una vez que hayas encontrado tu pasión, ahora es el momento de buscar un campo en el que esté tu pasión. El número de competidores no debería ser nunca un factor decisivo a la hora de elegir el área en la que se va a trabajar. El mundo es un lugar competitivo, especialmente cuando hay tantos otros que tienen el mismo interés o pasión que tú. El objetivo es estar seguro de que eres y puedes ser el mejor de todos.

3- Haz una investigación: Ahora que conoces tu pasión y el campo en el que quieres sumergirte, es el momento de investigar cómo llegar a él. Algunas carreras quieren personas motivadas y centradas, mientras que otras buscan lanzadores creativos.

Algunos jefes buscan contratar a alguien con un certificado específico, mientras que otros sólo buscan trabajadores con experiencia.

4- Haz un plan: Bien, ya tienes tu investigación y has tomado notas. Ahora dibuja un mapa sobre cómo llegar a donde tienes que estar. Incluye cosas como lo que tienes que hacer y cómo vas a llegar allí. No dejes que nada se interponga en tu camino, haz un plan B, en caso de que tu plan A no funcione.

5- Prepárate: Si quieres que un empleador te tome en serio, tendrás que cumplir con todas las credenciales que te pidan en esa línea de trabajo. Pónte en el lugar de un empresario que esté mirando tu currículum. Pregúntate si tú contratarías a esta persona. Si no, ¿por qué no? Si la respuesta es afirmativa, ¿qué hay en este currículum que no te lo pensarías dos veces a la hora de darle el trabajo? ¿Ves a dónde llega este razonamiento?

Lo que hemos aprendido:

. . .

Es posible hacer lo que te gusta para vivir.

No te detengas cuando te pongas nervioso o ansioso por hacer grandes cambios en tu vida. Sigue adelante y supera tus preocupaciones. Sí, hacer cambios puede ser desalentador, pero también debería ser emocionante.

Recuerda la diferencia entre una pasión y una afición. Una afición es lo que haces en tu tiempo libre. Una pasión es algo de lo que no puedes prescindir.

Confía en tus propias habilidades cuando se trata de tus pasiones. Un mercado saturado no debería impedirte seguir tu pasión como carrera, pero sé consciente de la demanda que existe para tus habilidades.

Investiga qué necesitas y qué tienes que hacer para tener éxito en tu campo. ¿Necesitas un certificado? ¿Necesitas más formación?

Con la investigación en la mano, elabora un plan sobre cómo vas a conseguir tu objetivo.

. . .

Si quieres que los empresarios te tomen en serio, es conveniente que sigas todos los pasos necesarios para parecer lo más profesional posible.

Preguntas para hacer a ti mismo:

- ¿Qué harías si no tuvieras limitaciones?
- ¿Qué es lo que he querido hacer, pero no lo he hecho por miedo?
- ¿Qué pequeños pasos puedo dar ahora mismo para convertir mi pasión en una profesión?
- ¿Cuáles son los diferentes campos que rodean mi pasión?
- ¿Qué campo me interesa?
- ¿En qué seré bueno?
- ¿Qué habilidad de esta carrera que me apasiona se me daría naturalmente?

En el próximo capítulo, aprenderemos cómo nuestros miedos nos impiden avanzar. Se te enseñará cómo superar estos miedos para que puedas tener éxito haciendo lo que te gusta.

9

Enfrentándote a tus miedos

EL MIEDO se nos inculca de forma natural. Nos ayuda con nuestras creencias instintivas y puede impedir que hagamos cosas perjudiciales. El miedo es algo que tenemos para compensar la falta de conocimiento. Por ejemplo, debes saber que no debes poner la mano sobre un quemador al rojo vivo para evitar una quemadura de tercer grado. Esto es miedo. Este miedo es aceptable y lo necesitamos para sobrevivir. Es cuando el miedo se apodera de nosotros cuando se convierte en un problema.

Cuando el miedo se apodera de nosotros, nos impide hacer algo positivo para nosotros mismos.

Por ejemplo, cuando tienes que hacer una presentación, pero te da miedo hablar en público, así que lo pospones y

lo dejas para más adelante y obtienes una mala calificación en el trabajo. Digamos que quieres irte de vacaciones, pero tu miedo a volar es tan abrumador que lo
pospones y sacrificas tu lado aventurero porque te rindes
al miedo a volar.

Hacer algo nuevo siempre va a provocar aprensión y
miedo, pero tienes que superarlo si quieres hacer cambios
significativos en tu vida. Recuerda que nadie dijo que este
proceso fuera fácil. Si perseguir tus pasiones fuera fácil,
todo el mundo lo estaría haciendo. La mayoría de las
personas que conoces deciden no perseguir sus pasiones
porque es mucho más fácil quedarse con el trabajo
aburrido que han tenido durante años. Saben lo que
hacen y no hay riesgo alguno. Como humanos, tenemos
miedo a los cambios y a los riesgos, pero también nos
sentimos atraídos por ellos, así que vive la vida al
máximo, ¡y ve a por ello!

Acciones para dejar ir el miedo: El miedo funciona de dos
maneras: puede retenerte o impulsarte. Aquí tienes tres
formas de superar el miedo y hacer lo que te gusta.

1- Haz menos. Sé más: Algo que debes preguntarte es
que si sólo tuvieras 24 horas de vida, ¿qué harías con tu
tiempo? ¿Y cómo estarías en los minutos que te quedan?
¿Por qué esperar a estar en el lecho de muerte para

responder a estas preguntas? Respóndelas ahora y márcate objetivos que cumplir antes de llegar al final de tu vida.

2- Planea menos. Vive más: Estoy felizmente casado y he viajado a más de treinta países de todo el mundo. No lo planeé, simplemente ocurrió. No esperaba ser un empresario de éxito. Simplemente di los pasos necesarios para conseguirlo. Esto es un ejemplo. Cuando planeas, los planes pueden fallar. Cuando vives, vives el momento tomando los desafíos como vienen. No dejes que el miedo te impida vivir.

3- Retén menos. Crea más. Muchas veces nos encontramos intentando controlar lo incontrolable. Cuando aprendemos a dejar ir lo que no se puede arreglar o controlar, aprendemos a ser más creativos con las cosas que podemos controlar. Tener este estado mental aleja nuestros pensamientos temerosos y nos ayuda a darnos cuenta de quiénes estamos destinados a ser.

Sin juicios ni etiquetas. Simplemente aprende a afrontar las cosas como vienen.

Formas de afrontar tus miedos: El miedo a menudo te frena. Es hora de salir de ese estado mental y luchar contra él. Aquí tienes algunas formas de enfrentarte a tus miedos y disfrutar de la vida asumiendo más riesgos.

1. Sé consciente del miedo al que te enfrentas. No tienes que enfrentarte a todas tus preocupaciones a la vez. Ahora mismo, intenta centrarte en el miedo que te impide vivir tu pasión. Siéntate a solas contigo mismo y piensa realmente qué miedos te impiden vivir una vida plena. Escribe una lista con los pros y los contras de esos miedos. A continuación, piensa en cómo podría ser tu vida si te enfrentaras a ellos.

2. Pregúntate sobre los riesgos. Es bueno tener en cuenta que sólo porque algo parezca aterrador, no significa que lo sea. Investiga sobre tus mayores temores. Cuanto más sepas sobre algo, menos miedo te dará.

3. Terapia de exposición. Para superar un determinado miedo, debes estar dispuesto a enfrentarte a él poco a poco. Por ejemplo, si te da miedo hablar en público, ponte primero delante de un espejo y habla contigo mismo durante unos minutos. A continuación, practica delante de alguien y luego de unos pocos a la vez y finalmente en público ante un par de personas y así sucesivamente. Con el tiempo, descubrirás que tus miedos ya no pueden controlarte. Si te da miedo hablar con la gente,

poco a poco abre tu círculo social y empieza a empatizar con nuevas personas. Después de un tiempo de hacer esto conscientemente dominarás el arte de la charla y podrás hablar con cualquier persona.

Prueba para acudir a un terapeuta: Si tus miedos son debilitantes, no tienes mucho éxito a la hora de enfrentarte a ellos por tu cuenta, o tu miedo puede estar relacionado con una condición de salud específica, como un trastorno alimentario, un trastorno de ansiedad social o un TEPT, puedes buscar la ayuda de un profesional de la salud mental de confianza. Si tienes una fobia específica, que es un trastorno de ansiedad persistente y diagnosticable, puede que no te sientas preparado para vencer tus miedos por ti mismo.

Un terapeuta cognitivo-conductual puede ayudar a desensibilizarte de tus miedos paso a paso. La mayoría de los profesionales de la salud mental se sienten cómodos tratando una variedad de miedos y fobias que van desde el miedo a hablar en público hasta la aracnofobia.

El tratamiento puede consistir en hablar de lo que te asusta, practicar estrategias de relajación y controlar tu ansiedad mientras te enfrentas a tus miedos. Un terapeuta puede ayudarle a ir a un ritmo que le resulte cómodo y saludable.

. . .

El tratamiento para afrontar los miedos puede incluir:

Terapia de exposición (terapia de inmersión): El principio subyacente de la terapia de exposición es que, a través de la práctica y la experiencia, te sentirás más cómodo en situaciones que de otro modo evitarías.

Teoría psicoanalítica: El psicoanálisis pretende curar el miedo o la fobia desenterrando y resolviendo el conflicto original.

Terapia de aceptación y compromiso (ACT): La terapia de aceptación y compromiso consiste en aceptar los miedos para que sean menos amenazantes y tengan menos impacto en la vida.

Por qué puede ser peor evitar los miedos: Aunque evitar las situaciones que temes puede hacerte sentir mejor a corto plazo, la evitación puede provocar un aumento de la ansiedad a largo plazo. Cuando evitas completamente tus miedos, le enseñas a tu amígdala (el centro del miedo en tu cerebro) que no puedes manejarlos.

Por el contrario, enfrentarse gradualmente a tus miedos, en pequeñas dosis que no te abrumen, puede ayudar a disminuir la ansiedad "habituando" a tu amígdala, o dejando que tu cerebro se acostumbre al miedo.

Según un estudio con animales publicado en la revista Science, el cerebro tiene que experimentar una exposición repetida al miedo para superarlo.

Los investigadores colocaron a los roedores en una pequeña caja y les dieron una leve descarga. Luego, durante un largo periodo, colocaron a los mismos roedores en una caja sin administrarles descargas. Al principio, los ratones se quedaban paralizados, pero con la exposición repetida eran capaces de relajarse. Aunque la investigación con animales no es directamente aplicable a los seres humanos, la idea que subyace al hecho de enfrentarse a los miedos pretende conseguir un resultado similar.

¿Debes enfrentarte a tus miedos? No es necesario vencer todos los miedos que se tienen. El miedo a los tsunamis puede no ser perjudicial para tu vida cotidiana si vives a 1.000 millas del océano. Pero puede ser un problema si vives en la costa y entras en pánico cada vez que oyes hablar de terremotos, tormentas o mareas altas porque crees que puedes estar en peligro, o evitas ir a unas vacaciones que de otro modo disfrutarás en un esfuerzo por evitar acercarte a aguas abiertas.

Mantén una conversación interna contigo mismo sobre lo que tus miedos te impiden hacer, y considera si es un problema que debes afrontar.

¿Están tus miedos provocando que lleves una vida menos satisfactoria que la que esperabas?

Considera los pros y los contras de no enfrentarte a tu miedo. Escríbelos. A continuación, identifica los pros y los contras de enfrentarte a tus miedos. Escribe lo que podrías conseguir o cómo podría ser tu vida si superas tu miedo.

La lectura de esas listas puede ayudarte a tomar una decisión más clara sobre qué hacer a continuación.

Miedo frente a fobia: A la hora de determinar si debes enfrentarte a tu miedo por ti mismo, es importante entender la distinción entre un miedo normal y una fobia. Cuando los psicólogos distinguen entre miedos y fobias, la diferencia clave es la fuerza de la respuesta de miedo y su impacto en la vida de la persona. Tanto los miedos como las fobias generan una respuesta emocional, pero una fobia provoca una ansiedad desproporcionada con respecto a la amenaza percibida, hasta el punto de interferir en la capacidad de funcionamiento de la persona.

Por ejemplo, mientras que el miedo a volar puede provocar ansiedad ante un próximo viaje o hacer que consideres un medio de transporte alternativo, si tienes aerofobia (una fobia específica a volar), su fobia puede afectar a su vida diaria.

Es posible que pases una cantidad excesiva de tiempo preocupándote por volar (incluso cuando el viaje no es inminente) y evitando los aeropuertos. Puedes ponerte ansioso cuando los aviones pasan por encima. Es posible que no puedas embarcar en un vuelo. Si subes a un avión, es probable que experimentes una respuesta fisiológica grave como sudoración, temblores o llanto. Aunque el tratamiento de la fobia puede incluir perfectamente un elemento de enfrentamiento al miedo en forma de terapia guiada, también puede incluir medicación o terapias alternativas.

La mejor manera de vencer un miedo es enfrentarse a él de frente, pero es importante hacerlo de una manera saludable que te ayude a superar el miedo y no de una manera que te traumatice.

. . .

Si tienes dificultades por tu cuenta, un profesional de la salud mental puede guiarte gradualmente a través de las situaciones que temes, asegurándose de trabajar primero en los patrones de pensamiento que te mantienen atascado.

Lo que hemos aprendido:

El miedo puede impedirnos hacer cosas que podrían ser perjudiciales para nosotros, pero no debemos dejar que reduzca a la mitad nuestro progreso.

Haz una lista de todas las cosas que harías si sólo te quedaran otras 24 horas de vida. Utiliza esta tarea como impulso para ponerte a hacer las cosas que te dan miedo.

Es bueno hacer planes, pero hay un punto en el que puede haber demasiada planificación. No planifiques en exceso a costa de hacer las cosas de verdad.

No te preocupes por las cosas que no puedes controlar, trabaja en conseguir las cosas que están a tu alcance.

. . .

Si estás preocupado y tienes miedo, intenta determinar qué es lo que te hace sentir así.

Por supuesto, la respuesta fácil es "riesgo" o "cambio", pero profundiza. ¿Qué hay en el riesgo o en el cambio que te produce ansiedad? Cuanto más entiendas tus miedos, más podrás racionalizarlos y controlarlos.

Enfréntate a tus miedos, aunque sea poco a poco, para acostumbrarte a ellos. Cuanto más lo hagas, menos te asustarán las cosas.

Preguntas para hacerte a ti mismo:

- ¿Qué es lo que deseo en secreto pero siento que no puedo tener o lograr? ¿Por qué?
- Si no tuviera miedo de conseguirlo, o si lo tuviera, ¿qué haría con él?
- Si dieras pasos ahora mismo, ¿dónde estarías dentro de cinco años?
- Si no doy pasos para enfrentarme a mis miedos, ¿dónde estaré dentro de cinco años?
- Si supiera que no hay posibilidad de fracasar, ¿cuál es el siguiente paso que daría?
- Si tuviera la completa seguridad de que voy a tener éxito, ¿qué pasos daría?

Ahora que hemos aprendido a vencer y enfrentarnos a nuestros miedos, podemos explorar cosas nuevas y sumergirnos en ellas. Probar cosas nuevas es arriesgado y vale la pena cada minuto de la experiencia. Adelante, sigue leyendo para saber más.

10

Prueba nuevas cosas

AHORA QUE HEMOS APRENDIDO sobre el miedo, es fácil afirmar el hecho de que tal vez has dejado que el miedo te frene porque tenías miedo a lo desconocido. Cuando probamos algo nuevo, aprendemos cosas nuevas sobre nosotros mismos. Cuando dejas de lado el miedo a probar algo nuevo, puede que descubras que te encanta y la prisa que te da.

Piensa en cosas que hayas querido probar antes, o en cosas que nunca hayas hecho. Piensa que es como ir de compras con tus amigos. A veces, tus amigos eligen algo que no te gusta, luego te convencen para que te lo pruebes y resulta que te encanta. ¿Has estado alguna vez en esta situación? La vida también puede ser así.

Veamos el ejemplo de la vida de Fernando. Cuando él se embarcó en una nueva aventura en el marketing digital, era un sector que estaba empezando. Tenía mucho que aprender, pero era emocionante y podía ver el potencial. Sí, Fernando tenía miedo de empezar algo nuevo, pero tenía la sensación de que una vez que empezara y conociera los entresijos del marketing digital, resultaría una empresa muy satisfactoria. Había mucha información que tenía que absorber, mucha de ella cambiaba semanalmente porque así es el rápido mundo del marketing digital. Lo que Fernando sabía era que creía en su pasión y eso le llevaría a través de los momentos difíciles de duda sobre este nuevo proyecto. Al final, después de muchas luchas y esperanzas, Fernando tuvo éxito.

Lo importante era que había dado el paso de probar algo nuevo.

Seis cosas que debes de probar al menos una vez: Ya sea algo extremo, como el paracaidismo, o algo sencillo, como probar un nuevo té, hazlo. Deja de lado el miedo y sumérgete en él. Aquí tienes una lista de 6 cosas nuevas que debes probar, y por qué.

1- Prueba un nuevo deporte: Ya sea yoga, correr, fútbol, voleibol o incluso hockey, probar un nuevo deporte puede enseñarte a programar tu tiempo en torno a tu vida para hacer algo por ti. Aprender un nuevo deporte te supondrá un reto. Es divertido, es bueno para tu cerebro y, lo mejor de todo, no da miedo, así que es un buen comienzo. Hacer algo activo puede sacarte de tu tenso y ajetreado estilo de vida y hacerte sentir mejor contigo mismo. Sin saberlo, tu pasión podría ser la bicicleta de montaña o el tiro con arco. El subidón de adrenalina que sientes al hacer deporte puede permitirte ver una perspectiva diferente del mundo que te rodea.

2- Adopta un nuevo hobbie: Cuando adoptes un nuevo hobbie, no tiene por qué ser algo activo. Puede ser algo como tejer, coleccionar monedas o enseñar. Los pasatiempos son una salida social que te introduce en un mundo de actividades de grupo como el golf, la escritura creativa o los grupos de lectura. Ser social con los demás te permite aliviar el estrés de forma natural y estar más sano. Cuando haces algo que te gusta, te sientes satisfecho. Los estudios demuestran que llevar una vida satisfactoria ayuda a vivir más tiempo. Así que adelante, elige una nueva afición y sal al mundo.

3- Sal de tu zona de confort. Sé lo que debes estar pensando: "salir de mi zona de confort es cambiar, y el cambio da miedo y es imprevisible". No te preocupes, salir de tu zona de confort no da tanto miedo como parece. Si no te gustan las multitudes, haz lo imposible e impensable y canta en un karaoke una noche. Ve a un club y súbete al escenario. Ve a la playa y báñate desnudo por la noche. Habla con un desconocido, ayuda a los sintecho o deja que uno de tus amigos te apunte a algo que le guste pero que tú creas que no. Una idea: acude a una cita a ciegas. Sea lo que sea, sal de tu zona de confort. Haciendo esto, te aseguro que no hay mejor manera de conocerte a ti mismo. Puede que descubras que te gusta algo que no creías posible.

4- Viaja. Adelante, planea un viaje y viaja a algún lugar. Se puede decir, por muchas experiencias personales, que es estimulante, lleno de acontecimientos, y puedes aprender mucho de diferentes culturas. Viajar fuera de tu ciudad es una experiencia desafiante y gratificante. Te ayudará a crecer y te hará adquirir diferentes perspectivas. Estar en otra ciudad o pueblo puede hacerte apreciar la vida que ya tienes, e incluso puede que conozcas a algunas personas por el camino. Es una gran manera de escapar, y es divertido explorar las diferentes maravillas del mundo.

5. Haz voluntariado. El trabajo voluntario es bueno para tu salud y tu alma. Ayudar a los demás da un impulso natural a nuestro corazón. Es una de esas cosas que, o bien te encanta, o bien te da pavor. Cuando hagas voluntariado, conocerás a muchos tipos de personas con estilos de vida muy diferentes a los tuyos, lo que abrirá tu mente a las muchas posibilidades de tu lado apasionado. Es estupendo para ponerlo en el currículum, y obtienes la experiencia del mundo real. El voluntariado ayuda al mundo, y te hace sentir que eres tú quien marca una diferencia

positiva. Ayudar a la comunidad y defender una causa en la que crees te hará sentirte bien contigo mismo. Así que anímate y pruébalo.

6- Aprende algo nuevo. Después de probar al menos una o varias de estas cosas, habrás aprendido algo nuevo. Ya sea sobre ti mismo, sobre el mundo o sobre cualquier otra cosa, es una sensación de logro y orgullo.

Al aprender algo nuevo, como un nuevo idioma o aprender a tocar un nuevo instrumento, los estudios han demostrado que la velocidad de aprendizaje aumenta y disminuye las posibilidades de desarrollar demencia. Si te interesa saber más sobre cómo aprender algo realmente rápido.

Lo que hemos aprendido:

Puedes aprender más sobre ti mismo simplemente probando cosas nuevas.

Puede resultar muy gratificante hacer algo nuevo.

· · ·

Los hobbies invitan a entablar nuevas relaciones y una vida social sana puede ayudarte a aliviar el estrés y ser más feliz.

Hay muchas maneras de superar los límites de tu zona de confort y probar cosas nuevas.

Prueba un nuevo deporte, viaja a un nuevo país para tus vacaciones en lugar del lugar habitual.

El voluntariado no sólo ayuda a otras personas, sino que también te ayuda a conocer gente nueva y a adquirir nuevas habilidades.

Toma la iniciativa de aprender algo nuevo. Esto no sólo te ayudará a descubrir cuáles son tus pasiones, sino que te ayudará a vencer tu miedo a hacer cosas nuevas.

Cuanto más salgas de tu zona de confort, más logros alcanzarás en tu vida.

Preguntas para hacerte a ti mismo:

- Un nuevo deporte que puedo probar sería...
- Un nuevo hobbie que me gustaría adoptar ahora es...
- ¿Qué puedo hacer este fin de semana que esté fuera de mi zona de confort?
- Un lugar al que me gustaría viajar es...
- Un pequeño paso que puedo dar ahora para encontrar oportunidades de voluntariado es...
- Lo que siempre he querido aprender es...

Así que has encontrado tu verdadera pasión, ¿y ahora qué? Hay muchas cosas que todavía puedes hacer en este momento. Veamos el siguiente capítulo.

11

Has encontrado tu pasión,
¿ahora qué?

Así PUES, has completado los pasos de este libro. Ahora te estás preguntando qué es lo siguiente. Has encontrado tus intereses, sabes en qué eres bueno, has investigado y hecho tus deberes, y ahora eres más consciente y estás listo para sumergirte. Pero, ¿cómo? ¿Por dónde empezar? Bueno, primero DEBES estar seguro de que has encontrado tu pasión, y luego se trata de sacar tiempo y encajar tu pasión en tu apretada agenda.

Sí, será difícil al principio, sobre todo porque tendrás este conflicto interno. Cuando tienes otras cosas que hacer, como tu aburrido trabajo diario, puede ser difícil separarte de tu pasión.

· · ·

Al principio será difícil compaginar tu tiempo, sobre todo cuando pases de una cosa a otra, o tomes medidas para hacerlo. Tendrás que asegurarte de cumplir con tus obligaciones para no perder tu trabajo y seguir teniendo tus ingresos fijos. Sin embargo, no te olvides de lo que realmente quieres hacer. Mantén tu pasión y aviva las brasas para no caer en la tentación de olvidarte de tu pasión y centrarte únicamente en ganar dinero. Sí, el dinero es importante, pero también lo es tu pasión, y esa es la razón por la que estás leyendo este libro.

¿Cómo sabes que has encontrado tu pasión? Tanto si buscas activamente cómo encontrar tu pasión siguiendo los pasos de este libro, como si te topas con ella por curiosidad, encontrar tu pasión es muy beneficioso.

Algunos encuentran su pasión a través de la investigación, tomando clases y viajando. Una vez que encuentres tu pasión, no podrás ser más feliz. Por supuesto, a veces la vida te lanza bolas curvas y te estresas, pero déjame decirte cómo sabes que has encontrado tu pasión.

1- Retroalimentación positiva: Cuando eras más joven y te gustaba algo que a todo el mundo le gustaba, pero eras el único que lo llevaba a cabo después, encontraste tu pasión. Siempre es edificante cuando alguien te lo dice y eres bueno en lo que sea que estabas haciendo. Así que presta atención a la retroalimentación positiva de cuando alguien te dice, que estabas destinado a hacer esto.

2- Cuando estás en tu elemento, lo que estás destinado a hacer te resultará fácil. Es tu don, has nacido para hacer esta actividad. Cuando notes que otras personas no pueden hacer esto con tanta facilidad como tú, esto es una señal segura de que has encontrado tu don.

3- Estás obsesionado por saber más. Cuando encuentras tu pasión, te esfuerzas continuamente por aprender más. Ya no te limitas a investigar. Sacas de la biblioteca libros relacionados con tu pasión. Te desvives por recopilar más y más información. Puede que incluso te encuentres soñando con ello.

4- El tiempo no existe. Cuando practicas tu pasión, el tiempo parece no existir. Estás tan atrapado practicando y haciendo lo que te gusta que apenas te das cuenta de que han pasado tres horas.

5. Eres resiliente. Mientras practicas tus intereses apasionados, te darás cuenta de que fracasas mucho. Pero a diferencia de otros trabajos o intereses que has tenido, te

vuelves a levantar y lo intentas de nuevo. Todo lo que hay dentro de ti grita para aprender y hacer más. Quieres dominarlo y convertirte en un profesional en cada tarea que tenga que ver con tu pasión.

Cómo gestionar el tiempo para tu pasión: Ahora que sabemos con certeza que has encontrado tu pasión, es el momento de construir un horario en torno a tu vida para hacer de tu pasión algo cotidiano.

1- Planificar eficazmente. Si tienes una esposa/marido, y los niños y tu vida laboral se llevan toda tu energía, lo primero que debes hacer es echar un vistazo a tu agenda.

Cada dos horas, anota lo que estás haciendo en ese momento. La razón de esto es que puedes ver cuánto tiempo del día tienes. Por ejemplo, si alguna vez acabas de revisar tus redes sociales en busca de mensajes, y luego te encuentras treinta minutos después navegando por la web, este es tu tiempo de inactividad.

2- Aprende la palabra "no". Cuando dices continuamente "sí", estás añadiendo a tu apretada agenda. Cuando aprendes a decir "no", puedes liberar parte de tu tiempo y tener más tiempo para vivir tu pasión. Cuando revises tu agenda y tus citas, averigua qué es lo que te entusiasma hacer o lo que es más importante mantener. Consérvalas y elimina o cancela el resto.

3- Apúntate a una clase. Como eres nuevo en esto de seguir tu pasión, y dejar las cosas de lado para ti, puede ser una buena idea apuntarte a una clase relacionada con este campo en el que quieres trabajar. Debe ser una clase a la que vayas regularmente. El sentido de esto es ayudarte a acostumbrarte a un horario diferente o nuevo. Una ventaja es que conocerás a gente nueva que tiene los mismos intereses. Colaborar es siempre estupendo cuando se aprende algo nuevo.

4- Ten cuidado de no hacer cambios extremos de la noche a la mañana. Si esto es lo que quieres hacer, entonces hazlo de forma lenta y constante. No podrás aprender y conocer todo en poco tiempo. Se necesitarán años de experiencia y conocimientos para llegar a donde se quiere llegar. Asegúrate de que estás completamente preparado para lo que esta elección de carrera va a suponer para ti. Cuando estés completamente preparado, las tareas posteriores relacionadas con este trabajo no serán tan estresantes ni abrumadoras.

Ser optimista: Es importantísimo mantener el optimismo durante todo el proceso; esto nos ayudará a querer buscar y ejercer nuestra pasión una y otra vez.

· · ·

Los beneficios de ser optimista: Las personas optimistas suelen tener más éxito, tanto en su vida personal como profesional.

El mayor éxito en el trabajo se debe a que tienen más energía y son más productivos. Un estudio relaciona el optimismo aprendido con una mayor productividad en las ventas.

Explicaba que la naturaleza de la venta es que incluso el mejor vendedor fracasará mucho más que tendrá éxito, por lo que "las expectativas optimistas son fundamentales para el éxito", ya que ayudan al vendedor a superar los inevitables rechazos.

El pensamiento convencional es que el éxito genera optimismo, pero hay pruebas que demuestran lo contrario: una actitud y una mentalidad optimistas conducen al éxito. También, el estudio utiliza a un vendedor como ejemplo; en el momento en que un pesimista podría perder la esperanza y rendirse, un optimista perseverará y atravesará una barrera invisible.

La incapacidad de perseverar y tener éxito se suele malinterpretar como pereza o falta de talento. Se descubrió que las personas que se rinden con facilidad rara vez cuestionan su propia interpretación del fracaso o el rechazo.

Los optimistas, en cambio, encuentran razones positivas para el rechazo y se esfuerzan por ser mejores. El aprendizaje del optimismo no sólo mejora la vida profesional.

Durante un estudio, se analizó equipos deportivos y descubrió que los equipos más optimistas creaban más sinergia positiva y rendían más que los pesimistas.

El optimismo también te permite ser expansivo. Te abre a nuevas ideas, nuevas experiencias y nuevas posibilidades. Te permite considerar nuevas opciones en todos los aspectos de tu vida, y cambiar tu vida para mejor.

Las personas optimistas son más felices porque se imaginan los acontecimientos positivos de forma más vívida y esperan que ocurran antes. Todo esto potencia el sentimiento de anticipación, que es mayor cuanto más placentero es el acontecimiento anticipado, cuanto más vívidamente podemos imaginarlo, cuanto más probable creemos que es que ocurra y cuanto antes ocurra. Por supuesto, tiene sentido que tener un sentimiento de esperanza y una actitud positiva sobre el futuro nos haga estar más contentos en el presente.

. . .

La idea en la que se basa el optimismo aprendido es que el optimismo, o el talento para la positividad, puede enseñarse y aprenderse cambiando conscientemente la auto-conversión negativa por la positiva. Este estilo de entrenamiento cognitivo puede cambiar la forma de pensar, independientemente de los aprendizajes inconscientes o del condicionamiento social.

También es posible crear un entorno más optimista para uno mismo y para los demás: Esto se consigue dando un feedback optimista. El modo en que damos explicaciones a los demás por las cosas que les ocurren afecta a su estado de ánimo y a su productividad del mismo modo que nuestras propias explicaciones nos afectan a nosotros.

En otras palabras, los elogios optimistas deben ser personales, generales y permanentes. ("¡Has jugado muy bien, como siempre!" en contraposición a "¡El otro equipo ha jugado mal, has tenido suerte!") Del mismo modo, la crítica optimista debe ser impersonal, específica y temporal para que la gente mejore y crezca.

Al dar retroalimentación optimista, y alentar a otros a hacerlo también, puede crear un ambiente positivo y de alto rendimiento en el que todos prosperarán. Su comunidad y su cultura florecerán, y usted cosechará los beneficios junto con todos los demás.

Lo que hemos aprendido:

Varias señales en tu vida te demostrarán que has encontrado tu pasión.

Si has seguido haciendo algo que te gustaba cuando eras más joven, cuando la mayoría de la gente hace tiempo que lo ha dejado, es una gran señal de que esa cosa es tu pasión.

Presta atención cuando alguien te felicita por hacer algo bien. Esta es otra señal de que puedes haber encontrado tu pasión.

Que algo te resulte fácil no significa que no tenga valor.

Recuerda que lo que a ti te resulta fácil, a otros les puede resultar difícil, otra señal de tu verdadera pasión.

· · ·

Sabes que has encontrado una pasión cuando estás decidido a descubrir más sobre ella.

Si el tiempo parece pasar volando mientras estás absorto en algo, es otra señal de que has descubierto tu pasión.

Puede que te derriben muchas veces mientras practicas algo, pero a diferencia de otras cosas, sigues intentándolo y no te rindes. ¡Eso es pasión!

Saca tiempo para tu pasión creando un horario para ello.

Aprende a decir "no" cuando otros intentan invadir el tiempo que has reservado para tu pasión.

Apuntarse a una clase es una forma estupenda no sólo de programar tiempo para tu pasión, sino también de conocer a otras personas con ideas afines, como se sugirió en un capítulo anterior.

Sí, no hay que tener miedo al cambio, pero no hay que hacer demasiados cambios demasiado pronto. Tómatelo con un ritmo cómodo y, con el tiempo, se te abrirán las puertas.

¡Se optimista! esto te ayudará a encontrar y a buscar constantemente tu pasión.

Ahora, nuevas preguntas para que te hagas:

- Mi objetivo en un año es...
- ¿Qué puedo hacer para que mi pasión sea un elemento de mi vida?
- ¿Qué pasos debo dar para convertirme en uno con mi pasión?
- ¿Cuál es mi objetivo final?
- Si continúo, ¿dónde estaré dentro de 5 años? ¿10 años? ¿20 años?
- ¿Cómo me sentiré con esta pasión en mi vida?

Encontrar tu pasión es lo primero que puedes hacer para vivir una vida plena. Si sigues las instrucciones de este libro, de seguro que no te decepcionarás.

12

Las preguntas para hacerte una y otra vez

AHORA BIEN, hemos llegado al capítulo final. Ya tienes todas las herramientas posibles para que encuentres cuál es tu pasión y cómo experimentarlas e integrarlas en tu vida. Es decir, en este capítulo no se te otorgarán nuevas estrategias, sino que se resumirá en un solo apartado todas las preguntas que te has estado haciendo a través de cada capítulo de este libro. Esto responde, una vez más, al plan de ayudarte en este tu camino llamado vida. De esta forma no tendrás que regresar a cada capítulo para ver las preguntas correspondientes, sino que en este capítulo, el 11, las encontrarás todas.

Recuerda que este libro no es solo para leer; no te invitamos a la pasividad del lector que al terminar de leer algo inmediatamente lo olvida. No, en este libro se te invitó repetidas veces a una participación activa. Esta participación activa se encontraba al final de cada capítulo, en el apartado de preguntas. Tú, con tu cuaderno, al terminar la lectura de este libro, terminarás con una serie de ejercicios escritos en tu libreta. Y la cosa no acaba ahí.

Si con cada capítulo dabas un paso más a tu autoconocimiento, eso significa que los ejercicios que tengas respondidos en tu libreta nunca serán definitivos: la vida del ser humano se trata justamente de un autoconocimiento continuo y sincero.

Aunque parezca que quizás respondas lo mismo a un ejercicio ya resuelto; hazlo otra vez: se seguro te encontrarás con gratos resultados.

Este último apartado te va a ayudar a que consigas las preguntas con mayor rapidez y en un solo lugar, con el único afán de ayudarte en tu autodescubrimiento y autoconocimiento.

Veamos el ejemplo de Darío. Darío no tenía idea de cómo encontrar su pasión en la vida. Estudia en la universidad la carrera de comunicación. Esta carrera le ofrece muchas opciones laborales: periodismo, literatura, diseño, fotografía, cine, radio, edición; en fin, esta avalancha de opciones le abrumaban demasiado y le causaban ansiedad. Sentía que su tiempo se acababa y tenía que tomar una decisión a la de ya. Un amigo suyo cercano le recomendó este libro. Al principio, Darío renegaba un poco la utilización de un libro como ayuda en su vida y su pasión, pero al sentirse muy perdido, accedió.

Darío terminó encantado con el libro. Se dio cuenta de que no son cosas inventadas sin sentido, sino que son consejos y herramientas que han salido de las experiencias y vivencias de otras personas, muchas de las cuales comparten una situación similar a la de Darío. Cuando terminó la lectura y los ejercicios, se sentía segurísimo de encontrar cuál era su pasión.

Revisó su vida y se percató de su profundo amor por las películas desde niño. Estudiaría con mayor dedicación el cine. Inmediatamente se acerca a la teoría cinematográfica, consiguió libros, vio videos, se inscribió en diplomados de guionismo y empezó a investigar en dónde estudiar una maestría en cine.

Sin embargo, a causa de la vida diaria y cotidiana, volvió a dudar un poco de su autoconocimiento y, por lo tanto, de la pasión que había encontrado. Volvió a este libro, releyó sus capítulos favoritos y respondió otra vez a las preguntas reunidas en este último capítulo.

Se encontró con nuevas cosas: Darío estaba seguro otra vez por su pasión hacía el cine, pero ahora descubrió una cosa más. Ahora encontró que lo que más amaba del cine se concentraba en el guionismo. Ahora Darío quería ser guionista cinematográfico.

Así como Darío, es normal que dudas que elecciones y pensamiento que ya había supuesto por seguros.

Por eso es importante que te reconozcas una y otra vez: De seguro cada vez encontramos nuevos aspectos sobre ti y tu pasión. Es muy importante que nunca pierdas la constancia, el amor propio y tu visión sobre ti mismo. Y recuerda: ¡Es normal sentir dudas! Eso sí, ten en cuenta que cualquier duda puede ser superada, solo si te lo propones. Disfruta una vez más el camino por el cual te llevarán estas preguntas:

1. Para mí, una vida apasionada se parece a...
2. Cuando estoy viviendo una vida apasionada, me sentiré...
3. Las creencias limitantes que tengo son...
4. ¿Qué me frena?

5. Lo que más me gusta hacer es...

6. Los tres principales pasatiempos que tengo son...

7. En lo que destaco es...

8. Las causas que apoyo activamente son…

9. ¿Por qué quiere pagarme la gente?

10. La persona (o personas) con la que puedo compartir mis intereses es...

11. ¿Estoy haciendo lo que el mundo necesita?

12. ¿Qué es lo que más me motiva o impulsa a tener éxito?

13. ¿Cuáles son las cinco palabras que más me describen?

14. ¿Qué me hace único?

15. ¿Qué es lo que más valoro?

16. ¿En qué miento? ¿Por qué?

17. ¿Soy una persona que asume riesgos?

18. ¿Soy una persona paciente?

19. Cuando era niño, me gustaba...

20. Cuando era más joven, quería llegar a ser...

21. Ahora mismo, lo que me entusiasma es...

22. Pierdo la noción del tiempo cuando...

23. Me encanta leer, investigar o soñar despierto sobre...

24. Lo que más me divierte es...

25. Si pudiera hacer una cosa durante el resto de mi vida, ¿qué sería?

26. ¿Me encantaría? ¿Con qué facilidad me aburriría?

27. Si no existiera el dinero, ¿qué haría con mi tiempo?
28. ¿Qué me resulta fácil?
29. ¿Cuál es mi elemento?
30. ¿Cuáles son mis puntos fuertes naturales?
31. ¿Cuáles son mis puntos débiles? ¿En qué tengo que trabajar?
32. ¿Qué dicen los demás de mí?
33. ¿En qué me gusta ayudar a la gente?
34. ¿Qué me provoca?
35. Me hierve la sangre cuando pienso o hablo de...
36. Si se pudiera cambiar el mundo, lo primero que cambiaría es...
37. ¿Qué pasiones tengo que me provocan?
38. ¿Qué haría si no tuviera limitaciones?
39. ¿Qué es lo que he querido hacer, pero no lo he hecho por miedo?
40. ¿Qué pequeños pasos puedo dar ahora mismo para convertir mi pasión en una profesión?
41. ¿Cuáles son los diferentes campos que rodean mi pasión?
42. ¿Qué campo me interesa?
43. ¿En qué seré bueno?
44. ¿Qué habilidad de esta carrera que me apasiona se me daría bien?
45. ¿Qué es lo que deseo secretamente pero siento que no puedo tener o lograr? ¿Por qué?

46. Si no tuviera miedo de lograrlo, o si lo tuviera, ¿qué haría con él?

47. Si diera pasos ahora mismo, ¿dónde estaría dentro de cinco años?

48. Si no doy pasos para enfrentarme a mis miedos, ¿dónde estaré dentro de cinco años?

49. Si supiera que no hay posibilidad de fracasar, ¿cuál es el siguiente paso que daría?

50. Si tuviera la completa seguridad de que voy a tener éxito, ¿qué paso adelante daría?

51. Un nuevo deporte que puedo probar sería...

52. Un nuevo hobbie que me gustaría adoptar ahora es...

53. ¿Qué puedo hacer este fin de semana que esté fuera de mi zona de confort?

54. Un lugar al que me gustaría viajar es...

55. Un pequeño paso que puedo dar ahora para encontrar oportunidades de voluntariado es...

56. Lo que siempre he querido aprender es...

57. Mi objetivo en un año es...

58. ¿Qué puedo hacer para que mi pasión sea un elemento de mi vida?

59. ¿Cuáles son los pasos que debo dar para convertirme en uno con mi pasión?

60. ¿Cuál es mi objetivo final?

61. Si continúo, ¿dónde estaré dentro de 5 años? ¿10 años? ¿20 años?

62. ¿Cómo me sentiré con esta pasión en mi vida?

Conclusión

Este libro no sería posible sin tu lectura, así que se te agradece. Esperamos haberte ayudado a encontrar tu propósito, pero esto es sólo el principio. No debes detenerte aquí. Mantengamos el impulso. Cuando encuentres algo que te guste, no te detengas. No nos referimos sólo a la pasión, sino a todo. Cuando encuentres el propósito, el control, la confianza o el amor, sigue dando lo mejor de ti. Entrénate para ser excelente en todo lo que te propongas. Ten confianza en ti mismo y recompénsate. Sé resiliente y abraza un sinfín de posibilidades. No te detengas aquí, sigue adelante y coge otro libro de autoayuda. Sigue aprendiendo y sigue creciendo. Esa es una forma segura de permitirte ser feliz.

En general, una vez que estés listo para sumergirte en hacer tu vida mejor, siempre puede ser mejor. Sé optimista y no tengas miedo de ahuyentar esos demonios.

Recuerda que el miedo y el fracaso son algo bueno, ya que te ayudarán a crecer en lo que eres ahora y en lo que vas a ser después. Todo el mundo tiene un propósito, así que ten la mente abierta, sal ahí fuera y encuéntralo.

Esperamos que hayas aprendido algo nuevo de este libro. Esperamos que te vayas encontrando y poniendo en práctica las estrategias que se han discutido. Se te aconseja que guardes tus notas y las pongas en práctica todos los días a partir de hoy. Cuando sientas que llega el día en que estás desmotivado, simplemente relee este libro y haz todos los ejercicios. Ten en cuenta que nada llega a ti si primero no tomas la decisión de ir a por ello. Somos el producto de nuestro entorno. Depende de nosotros utilizar las habilidades que aprendemos en nuestra vida diaria. Depende de nosotros hacer de nuestra vida un verdadero modelo inspiración para los demás. También, depende de nosotros que nuestra vida sea tan ejemplar que merezca que se escriba en un libro y que se hable de ella. En realidad todas las personas son artistas: su mayor obra de arte es su vida misma.

No tengas miedo de ser un gran artista.

¡Arriesga y crea! Cada uno tiene un lugar es este gran museo que es el mundo. Cada persona tiene un espacio en este museo para depositar su obra. Es nuestra elección levantarnos y tener éxito. Sólo entonces encontraremos la paz interior y la satisfacción.

CPSIA information can be obtained
at www.ICGtesting.com
Printed in the USA
BVHW071726100521
606946BV00003B/357